한국의 근현대 전법 선맥 (近現代 傳法 禪脈)

75조 경허 성우(鏡虛 惺牛) 전법선사

홀연히 콧구멍 없는 소 되라는 말끝에	忽聞人語無鼻孔
삼천계가 내 집임을 단박에 깨달았네	頓覺三千是我家
유월의 연암산을 내려가는 길에서	六月鷰岩山下路
일없는 야인이 태평가를 부르노라	野人無事太平歌

76조 만공 월면(滿空 月面) 전법선사

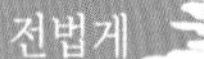

구름과 달, 산과 계곡이라, 곳곳에서 같음이여	雲月溪山處處同
선가의 나의 제자 수산의 큰 가풍일세	曳山禪子大家風
은근히 무문인을 그대에게 분부하니	慇懃分付無文印
이 기틀의 방편이 활안 중에 있노라	一段機權活眼中

* 제75조 경허 성우 전법선사 전함 / 제76조 만공 월면 전법선사 받음

77조 전강 영신(田岡 永信) 전법선사

불조도 전한 바 없어서	佛祖未曾傳
나 또한 얻은 바 없음을…	我亦無所得
가을빛 저물어 가는 날에	此日秋色暮
뒷산의 원숭이가 울고 있네	猿嘯在後峰

* 제76조 만공 월면 전법선사 전함 / 제77조 전강 영신 전법선사 받음

78대 대원 문재현(大圓 文載賢) 전법선사

부처와 조사도 일찍이 전한 것이 아니거늘	佛祖未曾傳
나 또한 어찌 받았다 하며 준다 할 것인가	我亦何受授
이 법이 2천년대에 이르러서	此法二千年
널리 천하 사람을 제도하리라	廣度天下人

어상을 내리지 않고 이러-히 대한다 함이여	不下御床對如是
뒷날 돌아이가 구멍 없는 피리를 불리니	後日石兒吹無孔
이로부터 불법이 천하에 가득하리라	自此佛法滿天下

* 제77조 전강 영신 전법선사 전함 / 제78대 대원 문재현 전법선사 받음

이 오도송과 전법게는 대원 문재현 선사님께서 법리에 맞도록 새롭게 번역한 것입니다.

The Zen Lineage of Enlightenment in Modern Korea

75th Patriarch *JeonBeop* Zen Master GyeongHeo SeongU

- Song of Enlightenment

Upon the words 'become an ox without nostrils',
At once I realized the entire universe is my home.
On the way down from Yeon-am mountain one day in June,
The enlightened man leisurely sings a song of great peace.

76th Patriarch *JeonBeop* Zen Master ManGong WolMyeon

- Song of Dharma Transmission

O'cloud and moon; mountain and stream: the same here and there.
This is the great tradition of SuSan[1], my student in the lineage of Zen.
Secretly entrust the traceless seal,
The way to enlightenment is in the living eye.

* Given by 75th Patriarch *JeonBeop* Zen Master GyeongHeo SeongU
  Received by 76th Patriarch *JeonBeop* Zen Master ManGong WolMyeon

77th Patriarch *JeonBeop* Zen Master JeonGang YeongSin

- Song of Dharma Transmission

Even the Buddha and the patriarchs had transmitted nothing,
So too, I have received nothing.
On a day fading with the autumn hue,
The monkey cries in the mountains behind us.

* Given by 76th Patriarch *JeonBeop* Zen Master ManGong WolMyeon
  Received by 77th Patriarch *JeonBeop* Zen Master JeonGang YeongSin

78th Patriarch *JeonBeop* Zen Master DaeWon Moon JaeHyeon

- Song of Dharma Transmission

Even the Buddha and the patriarchs had transmitted nothing,
How could I say I have received it or will give it.
This Dharma, in the 21st century,
Will be a refuge for all in this world.

- Song of Entrusting the Dharma

To respond just like this without leaving his throne,
In days to come a child of stone will blow a flute without holes.
Thenceforth, the Dharma will spread throughout heaven and earth.

* Given by 77th Patriarch *JeonBeop* Zen Master JeonGang YeongSin
  Received by 78th Patriarch *JeonBeop* Zen Master DaeWon Moon JaeHyeon

1) SuSan : Another name for *JeonBeop* Zen Master ManGong.

韩国的近现代传法禅脉

第75祖 镜虚惺牛传法禅师

- 悟道颂
忽闻人语无鼻孔
顿觉三千是我家
六月鹫岩山下路
野人无事太平歌

第76祖 满空月面传法禅师

- 传法偈
云月溪山处处同
叟山[2]禅子大家风
殷勤分付无文印
一段机权活眼中

* 第75祖 镜虚 惺牛 传法禅师 传
第76祖 满空 月面 传法禅师 受

第77祖 田冈永信传法禅师

- 传法偈
佛祖未曾传
我亦无所得
此日秋色暮
猿啸在后峰

* 第76祖 满空 月面 传法禅师 传
第77祖 田冈 永信 传法禅师 受

第78代 大圆文载贤传法禅师

- 传法偈
佛祖未曾传
我亦何受授
此法二千年
广度天下人

- 付颂
不下御床对如是
後日石儿吹无孔
自此佛法满天下

* 第77祖 田冈 永信 传法禅师 传
第78代 大圆 文载贤 传法禅师 受

---

2) 叟山：满空月面传法禅师的号。

께서는, 16세에 출가하여 23세 때 첫 깨달음을 얻고 25세에 인가를 받으셨다. 당대의 7대 선지식인 만공, 혜봉, 혜월, 한암, 금봉, 보월, 용성 선사님의 인가를 한 몸에 받으셨으며, 이 중 만공 선사님께 전법게를 받아 그 뒤를 이으셨다. 당대의 선지식들이 모두 극찬할 정도로 그 법이 뛰어나서 '시혜세일 징선상'이라 불렸다.

33세의 최연소의 나이로 통도사 조실을 하셨고, 법주사, 망월사, 동화사, 범어사, 천축사, 용주사, 정각사 등 유명선원 조실을 역임하시고 인천 용화사 법보선원의 조실로 일생을 마치셨다.

1975년 1월 13일, 용화사 법보선원의 천여 명 대중 앞에서 "어떤 것이 생사대사(生死大事)인고?" 자문한 후에 "악! 구구는 변성(飜成) 팔십일이니라."라고 법문한 뒤, 눈을 감고 좌탈입망하셨다.

다비를 하던 날, 화려한 불빛이 일고 정골에서 구슬 같은 사리가 무수히 나왔다. 열반하시기까지 한결같이 공안 법문으로 최상승법을 드날리셨으니 그 투철한 깨달음과 뛰어난 법, 널리 교화하기를 그치지 않으셨던 점에 있어서 한국 근대 선종의 거목이라 일컬어지고 있다.

The Great Zen Master JeonGang of the Jogye Order of Korean Buddhism is the 77th Patriarch in the Dharma Lineage of the Buddha. He became a monk when he was 16 years old and enlightened to True Self when he was 23 years old. After receiving confirmation of his enlightenment, or *in-ga*, from the 7 great Zen Masters of the time: ManGong, HyeBong, HyeWol, HanAm, GeumBong, BoWol, YongSeong, he received formal transmission of the Dharma from Master ManGong when he was 25 years old. Because of the unsurpassed wisdom he showed during this time he was known as "JeonGang, the foremost in wisdom."

When he was 33 years old the great Zen Master JeonGang was requested to be the *Josil*, or spiritual master of the large monastery, Tongdo temple. This made him the youngest master to have ever held the position of *Josil* in a Korean Buddhism. Later he acted as *Josil* at the famous meditation halls at Beobju temple, Mang-wol temple, Donghwa temple, Beom-eo temple, Cheonchuk temple, Yongju temple and Jeong-gak temple.

He ended his life in the position of *Josil* at Yonghwa temple Beopbo meditation hall. On Jan 13, 1975 the assembly of one thousand or so gathered and he asked,

"What is the big work of life and death?" the assembly was quiet so he answered himself, "Hak! Even backwards 9 times 9 is 81," he said, then entered into Nirvana the very next moment.

On the day of his cremation the sky was illuminated with lights and many sarira, shaped like jewels, were found in the ashes. Until the day of his death Master JeonGang constantly taught one way to awaken to the highest Truth through the use of a *kong-an*. By virtue of his penetrating awakening he was able to teach countless meditators, and so was known as the 'main pillar' of the modern Korean Zen Tradition.

佛祖正脉第77祖-大韩佛教曹溪宗田冈大禅师16岁出家，23岁悟道，25岁受到了印可。当代的七大善知识满空、慧奉、慧月、汉巖、锦峯、宝月、龍城禅师都给与印可，田冈禅师其中受了满空禅师的传法偈，继承了他的佛法。

当代的善知识们都非常称赞他的佛法，所以人称外号"智慧第一郑田冈"。

33岁时以最年少的年龄担任了大韩民国通度寺的祖室，后来多次历任法住寺、望月寺、桐华寺、梵鱼寺、天竺寺、龙珠寺、正觉寺等寺院的祖室，最后担任仁川龙华寺法宝禅院祖室的时候结束了他的一生。

1975年1月13日，在龙华寺法宝禅院法堂上当着1000余人大众，自问"什么是生死大事？"然后"嗬！九九飜成八十一"说完闭眼端坐进入了涅槃。

茶毘（佛教用语：焚烧或火葬）时华丽的火光冲天，并从顶骨中整理出了很多舍利子。圆寂之前还在教化门上用公案法门指导最上乘佛法。这种彻悟境界和高超的佛法，以及孜孜不倦的教化精神被现代人誉为近代韩国禅宗的巨匠。

불조정맥 제78대 대원 문재현 전법선사
- 양대 강맥 전강대법회에서 법문 중 할을 하시는 모습

The 78th Patriarch in the Dharma Lineage of the Buddha *JeonBeop* Zen Master DaeWon Moon JaeHyeon
- Master instructing disciples during Dharma talk.

佛祖正脉78代大圆文载贤传法禅师
- 出席两大讲脉传讲大法会，法门中棒喝的场面

오로지 정법만을 깨닫기 서원합니다
입을 열면 정법만을 설하기 서원합니다
중생이 다하는 그날까지 교화하기 서원합니다
— 대원 문재현 전법선사의 3대 서원

I vow to realize only the right Dharma;

I vow to speak only the right Dharma in every word;

I vow to teach the Dharma until all sentient beings are saved

- The Three Vows of *JeonBeop* Zen Master DaeWon Moon JaeHyeon

愿但求悟正法
愿开口说正法
愿教化到没有众生的那一天
— 大圆文载贤传法禅师的3大誓愿

불교 8대 선언문 / The eight pillars of Buddhism / 佛教8大宣言文

1. 불교는 자신에게서 영생을 발견하게 한 유일한 종교이다
2. 불교는 자신에게서 모든 지혜를 발견하게 한 유일한 종교이다
3. 불교는 자신에게서 모든 능력을 발견하게 한 유일한 종교이다
4. 불교는 자신에게서 모든 것을 이루게 한 유일한 종교이다
5. 불교는 자신에게서 극락을 발견하게 한 유일한 종교이다
6. 불교는 깨달으면 차별 없어 평등하다는 유일한 종교이다
7. 불교는 모든 억압 없이 자신감을 갖게 한 유일한 종교이다
8. 불교는 그러므로 온 누리에 영원할 만인의 종교이다

1. Buddhism is the religion that leads one to eternal life
2. Buddhism is the religion that unveils innate wisdom
3. Buddhism is the religion that reveals the myriad of innate abilities
4. Buddhism is the religion that realizes all things
5. Buddhism is the religion that finds the innate paradise in oneself
6. Buddhism is the religion that awakens to the equality of all things
7. Buddhism is the religion that provides true faith without external pressure
8. Buddhism is the religion that is for everyone in any time

1. 佛教是唯一能从自身发现永生的宗教。
2. 佛教是唯一能从自身发现一切智慧的宗教。
3. 佛教是唯一能从自身发现一切能力的宗教。
4. 佛教是唯一能从自身成就一切的宗教。
5. 佛教是唯一能从自身发现极乐的宗教。
6. 佛教是唯一悟道了平等无差别的宗教。
7. 佛教是唯一没有一切抑压而让人抱有自信心的宗教。
8. 佛教是因此宇宙中永生的万人的宗教。

- 대원 문재현 전법선사 주창

- *JeonBeop* Zen Master DaeWon Moon JaeHyeon

- 大圆文载贤传法禅师主倡

누구나 궁금한 33가지

33 Questions

所有人困惑的33个疑问

누구나 궁금한 33가지 / 한국어 - 3

33 Questions / English - 119

所有人困惑的33个疑问 / 中国语 - 257

바로보인 불법 36

누구나 궁금한 33가지 3개국어판

대원 문재현 선사 지음

도서출판 문젠(구, 바로보인)은 정맥선원에서 운영하고 있습니다.

* 인제산(人濟山) 성불사(成佛寺) 국제정맥선원
  경기도 포천시 내촌면 소리개길 86-178 ☎ 031-531-8805
* 인제산(人濟山) 이룬절 포천정맥선원
  경기도 포천시 내촌면 소리개길 86-123 ☎ 031-532-1918
* 도봉산(道峯山) 도봉사(道峯寺) 서울정맥선원
  서울시 도봉구 도봉로 921 문젠빌딩 2층 ☎ 02-3494-0122
* 백양산(白楊山) 자모사(慈母寺) 부산정맥선원
  부산시 동래구 아시아드대로 114번길 10 대륙코리아나 2층 212호 ☎ 051-503-6460
* 자모산(慈母山) 육조사(六祖寺) 청도정맥선원
  경북 청도군 매전면 동산리 산 50 ☎ 010-4543-2460
* 광암산(光巖山) 성도사(成道寺) 광주정맥선원
  광주광역시 광산구 삼도광암길 34 ☎ 062-944-4088
* 대통산(大通山) 대통사(大通寺) 해남정맥선원
  전남 해남군 화산면 송계길 132-98 중정마을 ☎ 061-536-6366

바로보인 불법 ㊱

누구나 궁금한 33가지 3개국어판

초판 1쇄 펴낸날 단기 4348년, 불기 3042년, 서기 2015년 11월 10일

저　자 대원 문재현 선사
펴 낸 곳 도서출판 문젠(Moonzen Press)
487-835, 경기도 포천시 내촌면 소리개길 86-178
전화 031-534-3373 팩스 031-533-3387
신고번호 2010.11.24. 제2010-000004호

편집·윤문 진성 윤주영
제작·교정 도명 정행태, 진운 여정하
영어번역 원광 Eryn Michael Reager
중어번역 천명 홍군표
표지그림 현정(玄楨)
인　쇄 가람문화사

도서출판문젠 - www.moonzenpress.com
정맥선원 - www.zenparadise.com
사막화방지국제연대(IUPD) - www.iupd.org

ⓒ 문재현, 2015. Printed in Seoul, Republic of Korea
값 15,000원
ISBN 978-89-86214-20-8 03220

차 례

서 문 7

1. 우리는 어디로부터 와서 어디로 갑니까? 10
2. 영혼은 존재합니까? 17
3. 우리는 왜 태어났습니까? 왜 사는 겁니까? 20
4. 나는 누구입니까? 23
5. 인생은 고라고 하는데 모든 고는 어디로부터 비롯되었습니까? 25
6. 인과응보는 정말로 있는 것입니까? 27
7. 전생과 내생이 있습니까? 30
8. 죽으면 몸은 흙으로 돌아가는데 그것이 끝입니까? 32
9. 극락과 지옥이 있습니까? 35
10. 우리가 죽으면 살아있을 때의 모든 인연과는 어떻게 되는 겁니까? 37
11. 마음이란 것은 무엇입니까? 39
12. 마음은 모양이 없는데 왜 몸에 묶여있습니까? 41
13. 감정과 이성이 다른 것을 어떻게 다스려가야 합니까? 43
14. 어떻게 하면 욕심과 분노와 어리석음을 다스려 마음의 평화를 얻겠습니까? 46
15. 풀기 어려운 인연은 어떻게 풀어가야 합니까? 48
16. 영원한 것이 있습니까? 52

17. 신이 있습니까? 신이 있다면 어떤 존재입니까? 54

18. 종교는 인류에게 꼭 필요한 것입니까? 57

19. 죽어서도 사상이나 종교가 있습니까? 59

20. 종교인들은 종파가 다를 때 왜 서로를 비난합니까? 61

21. 광신도와 독실한 믿음을 가진 종교인의 차이가 무엇입니까? 64

22. 무엇이 정도이고 무엇이 사도입니까? 66

23. 기독교는 신을 이야기하고 불교는 공을 이야기합니다. 기독교 말대로
    하자면 하나님만 믿으면 되고 불교 말대로 하자면 삶은 헛된 것인데
    열심히 살거나 정직하게 살 필요가 있습니까? 68

24. 종교만 믿으면 천국에 갑니까? 73

25. 초자연적인 힘이 있습니까? 미신과의 차이가 무엇입니까? 79

26. 사주팔자가 있습니까? 82

27. 세상은 왜 불공평합니까? 84

28. 신이 있다면 세상의 악을 왜 내버려둡니까? 86

29. 미래에 인간 복제가 가능하다는데, 나를 복제하면 어느 몸이 나입니까? 89

30. 인간은 유물론의 주장처럼 물질로부터 비롯되었습니까, 창조론의 주
    장처럼 창조된 것입니까? 91

31. 우주는 어떻게 생겨난 것입니까? 94

32. 지구종말론은 사실입니까? 96

33. 이 험난한 시대를 지혜롭게 사는 방법은 무엇입니까? 100

* 부록 1 - 21세기에 인류가 해야 할 일 101

* 부록 2 - 대원 문재현 전법선사님 인가 내력 107

* 부록 3 - 불조정맥(佛祖正脈) 361

* 부록 4 - 가슴으로 부르는 불심의 노래 367

* 도서출판 문젠의 번역도서 389

서 문

21세기가 시작된 이래 지구가 몸살을 앓듯 인류는 뜻밖의 재앙과 자주 만나고 있습니다.

지진, 해일, 화산, 태풍, 원전 방사능 누출사고 등 이 이상 더할 수는 없다고 할 정도의 자연재해와 인재에 대한 소식을 매스컴을 통해 하루가 멀다 하게 접하고 있습니다.

이를 통해서 비 개인 맑은 날과 같은 미래가 펼쳐질지, 아니면 영영 회복하지 못하고 어둠의 미래를 맞이할지 점칠 수 없는 가운데 심지어는 지구의 종말을 예언하는 경우를 접하기도 합니다.

이런 험난한 시대일수록 인류가 힘을 모아 큰 지혜와 역량을 발휘해야 한다고 생각합니다. 그러기 위해서는 우선 근본으로부터 바로잡혀야 합니다.

정치, 사회, 경제, 문화, 환경 등 모든 문제의 뿌리가 되는 정신적인 면, 그 중에서도 최정상에 있는 종교와 진리에 대한 바른 가르침이 있어야 합니다.

21세기에 있어서는 신비의 베일로 가장하거나 정신적으로 억압하는 종교나 맹목적이고 광신적인 미신과 같은 신앙이 사라지고, 진리에 대한 참된 실증이 없는 가르침, 진정한 삶의 양식이 되지 못하는 허영과 같은 지식도 빛을 잃을 것입니다.

21세기의 인류를 위해 모든 이들이 가장 어렵고 궁금해 하는 문제, 삶과 죽음, 종교와 진리에 대한 바른 지표를 제시하고자 이 책을 썼습니다.

깨달은 이는 실증한 체험을 통해 만인을 마음의 평화와 죽음의 속박을 초월한 깨달음으로 이끌어주어야 한다고 생각합니다.

또한 이런 이변(理邊)적인 교화와 더불어 사변(事邊)적으로도 만인의 삶을 건강하고 안락하게 이끌어주어야 한다고 생각합니다.

이 책이 그 이변을 앞서서 이끌어나가는 첫걸음이 되기를 바라며, 사변적으로는 '사막화방지 국제연대'가 재앙에 직면한 지구촌을 살리는 데 일조할 것을 바라마지 않습니다.

이 사람이 '사막화방지 국제연대'를 설립한 것은 바로 현재 인류가 해결해야 할 가장 절박한 문제인 지구환경문제를 이슈화시키고 그 해결책을 제시하여 온 인류가 이 일에 발 벗고 나서게 하기 위해서입니다.

이렇게 이변과 사변을 다 아울러 인류가 함께 바른 길을 걸어
나간다면, 인류는 절망적인 종말이 아니라 오히려 유사 이래 가
장 좋은 시절을 맞이하게 될 것입니다.

단기(檀紀) 4345년
불기(佛紀) 3039년
서기(西紀) 2012년

무등산인 대원 문재현
(無等山人 大圓 文載賢)

우리는 어디로부터 와서
어디로 갑니까?

우리는 어디로부터 오는 것도 어디로 가는 것도 아닙니다.

우리 민족 최고의 경전인 천부경에서 말하기를 일시무시일(一始無始一), 하나에서 비롯했으나 하나에는 비롯함이 없고, 일종무종일(一終無終一), 하나에서 마쳤으나 하나에는 마침이 없다고 했습니다.

천부경에서 말하는 '일(一)', 즉 '하나'가 무엇인지를 알아야 합니다.

그러면 비롯함이 없고 마침이 없는 삶, 어디로부터 오는 것도 어디로 가는 것도 아닌 삶을 살게 될 것입니다.

　이 '하나'를 모르기에 어디로부터 와서 어디로 가는 것인지를 물어야 하는 신세로 살아가게 된 것입니다.

　그래서 찰나찰나 산다고 하지만 엄밀하게 말하자면 찰나찰나 죽어가고 있는 신세, 열심히 잘 살아보려고 몸부림치고 발버둥 치면 칠수록 더 열심히 죽음을 향해 달려가고 있는 신세가 된 것입니다.

　죽음은 예정되어 있는데, 그럼에도 트럭에 실려 도살장으로 가는 소처럼 그저 세월의 흐름을 따라 흘러가듯 살아가게 된 것입니다.

　다음과 같은 게송이 있습니다.

　생종하처래(生從何處來)

　사향하처거(死向何處去)

　생야일편부운기(生也一片浮雲起)

　사야일편부운멸(死也一片浮雲滅)

　부운자체본무실(浮雲自體本無實)

　생사거래역여연(生死去來亦如然)

　독유일물상독로(獨有一物常獨露)

　담연불수어생사(湛然不隨於生死)

　어디로부터 태어나서

죽어서는 어디로 가는가?
태어남은 한 조각 구름이 일어남이요
죽음은 한 조각 구름이 사라지는 것일세
뜬구름 자체가 본래 실다움이 없나니
태어남과 죽음도 모두 그와 같다네
한 물건이 항상 홀로 드러나 있으니
가없이 이러-해서 생사(生死)를 따르지 않는다네

생사가 뜬구름 같다고 하고 '한 물건이 항상 홀로 드러나 있어 가없이 이러-해서 생사를 따르지 않는다.'고 했습니다.

이 한 물건이야말로 바로 천부경에서 말하는 '일(一)'이요 '하나'인 것입니다. 그리고 가없이 이러-한 이 '하나'는 우리 마음의 근본 실체입니다.

우리 마음의 근본 실체는 생사에 관계없이 존재한다는 말입니다.

따라서 우리는 어디로부터 왔다고 하지만 어디로부터 온 것도 아니고, 우리가 어디로 간다고 하지만 어디로 가는 것도 아닙니다.

그러니까 태어난 것도 태어난 것이 아니고 죽는 것도 죽는 게 아니란 말입니까? 그러면 사는 건 뭡니까? 이것도 다 없는 겁니까?

그런데 어째서 존재합니까?

그것은 마치 보석의 일곱 가지 빛이 어떤 인연을 만나 생겨서 존재하다가 그 인연이 다하면 사라지듯 그러한 것입니다. 어떤 인연을 만나 빛이 생겼다고 해서 그 빛이 보석 밖에서 들어온 것도 아니고, 또 그 인연이 다하여 사라졌다고 해서 그 빛이 보석 밖으로 빠져나간 것도 아닙니다.

왜냐하면 보석의 빛은 보석이 그 빛을 발할 수 있는 능력을 지녔기 때문에 발하여졌으므로, 보석 자체의 것이어서, 발해졌다고 해서 생긴 것이 아니고 발하기를 그쳤다고 해서 없어진 것도 아닙니다.

이렇듯이 우리가 우리의 근본 성품으로부터 어떠한 모습을 나툰 것은 우리 근본 성품이 그러한 모습을 나툴 수 있는 능력을 본래 지니고 있었기 때문입니다.

그래서 또한 우리는 어디로부터 왔다고 하지만 어디로부터 온 것도 아니고 우리가 어디로 간다고 하지만 어디로 가는 것도 아닙니다.

우리가 태어나고 죽는 것이 성품의 능력이라고 하시는데 생사가 능력은 아니지 않습니까? 우리는 오히려 거기서 고통받고 있습니다.

우리가 중생에 떨어져 생사의 고통 속에 속박의 삶을 살게 된 이유는, 태초에 우리 성품의 능력으로 발한 빛을 따로 있는 양 추구하고 지니려고 하는 데에서 자신과 경계로 나뉘어졌기 때문입니다.

우리는 선정 중에 있을 때 때로 금빛이나 은빛, 투명한 가을하늘빛 같은 여러 가지 광명을 볼 수 있습니다.

이것은 우리 성품의 전능한 능력이 발한 빛입니다.

우리 성품의 본유한 능력의 빛은 보석의 빛이 그러하듯 밖에서 온 것이 아님이 분명하건만 따로 있는 것인 양 좋아하고, 즐기고, 탐하고, 취하려고 했습니다.

꿈도 내 마음이 발한 광명이어서, 엊저녁 꿈이 나와 나뉘어진 경계가 아닌데 꿈속에서는 분명한 경계로 여겼듯이 자성(自性)이 스스로 발한 광명을 밖의 경계로 여긴 것입니다.

이렇게 내면의 능소(能所)가 벌어져 자성과 경계로 나뉘어진 데서 취하려 하고, 취하려 하는 것이 점점 강해져서 극에 이르러 최후에 경계를 취하는 순간 상(相)이 되어 자성이 거꾸로 그 상을 의지하게 되었습니다.

이때로부터 밖의 능소로 벌어져 그 상에 의지한 작용늘이 업이 되고, 그 업에 의해 가지가지 현상이 생겨나고 욕계, 색계, 무색계 등 삼계[1]와 천상, 인간, 아수라, 축생, 아귀, 지옥의 육도

---

1) 삼계(三界) : 중생이 생사유전(生死流轉)한다는 3단계 미망(迷妄)의 세계. 욕계

(六道)가 벌어지게 되었습니다.

이렇게 생사가 비롯되고 고통과 속박의 나날이 이어지게 된 것입니다.

그러나 꿈도 꿈꿀 수 있는 능력이 있어야만 꿀 수 있듯이 우리 성품의 능력이 없다면 그 어떠한 것도 비롯될 수 없었던 것입니다.

우리는 왜 인간으로 태어난 것입니까?

인간세상에 고통과 속박이 있다고 하지만, 그 밑으로 아수라, 축생, 아귀, 지옥이 있습니다.

우리가 인간세상에 온 것은 천상에서 그 복력이 다해서 오는 수도 있지만, 인간 이하의 세계에서 업보를 모두 갚고 올라오는 수도 있는 것입니다.

일단 인간 이하의 세계, 즉 축생보로 떨어지면 약육강식이기 때문에 좋은 복락을 짓고 승화해 올 길이 없어집니다. 그래서 끝없이 추락하다 보면 무골충보를 받게 됩니다. 무골충이 되어

(欲界), 색계(色界), 무색계(無色界)의 세 가지이다. 욕계는 맨 아랫단계의 세계로 오관(五官)의 욕망이 존재하는 세계이다. 색계는 욕계 위의 세계로 물질적인 것[色]은 있지만 감관의 욕망을 떠난 청정의 세계이다. 무색계는 물질적인 것도 없어진 순수한 정신만의 세계로 공간의 개념을 초월해 있다. 이 중 욕계는 다시 여섯 길로 나뉘는데 지옥, 아귀, 축생, 아수라, 인간 등 5가지와 육욕천(六欲天)의 천상이 여기에 속한다.

풀잎이나 뜯어먹고 살다보면 죄를 지을 것이 없어집니다. 그러다가 무서운 새들이나 곤충에게 통째로 잡혀먹히게 되어 몸뚱이 보시를 수없이 해서 전생의 죄업을 다 갚으면 인간세상에 나게 되는 것입니다.

또한 전생에 인간 몸으로 있었다면 선업과 악업의 비중이 비슷하거나 선업을 조금 더 많이 지었을 때 인간세상에 나게 됩니다. 만약 악업을 훨씬 더 많이 지었다면 축생에 떨어지거나, 더 나쁜 경우에는 아귀, 더 나쁜 경우에는 지옥에 떨어졌을 것입니다.

이런 것이 바로 인과응보입니다.

살아생전에 무엇을 어떻게 하고 살았느냐에 따라 승화해 올라가기도 하고, 더욱 하락해서 떨어지기도 하는 것입니다. 인간세상에서 선업과 복을 많이 지으면 천상에 나게 되고, 악업과 죄를 많이 지으면 축생이나 그 이하의 세계로 추락하게 됩니다. 곧 우리는 이생에 자기가 짓는 대로 천상, 인간, 아수라, 축생, 아귀, 지옥의 육도 어느 세계에든 나게 됩니다. 그처럼 전생에 지은 바에 의해 이렇게 인간세상에 오게 된 것입니다.

영혼은 존재합니까?

어떤 사람이라도 꿈을 꾸어보지 않은 사람은 없을 것입니다. 여러분이 꿈을 꿔보지 않았습니까? 그렇다면 답을 다 알아야 할 것입니다.

여러분의 몸뚱이는 방에 누워서 푹 자고 있었는데 꿈속에 활동한 그것이 무엇입니까? 무엇이 움직이고 돌아다녔습니까?

여러분의 몸뚱이 이외의 무엇인가가 있었던 것이 아닙니까?

그것은 뇌가 하는 것이 아닙니까?

뇌가 있어서 그렇게 이루어진다는 말은 맞습니다. 왜냐하면 우리의 성품이 인간 몸으로써 그 능력을 쓰려면 뇌를 필요로 합니다. 그러나 깨달아서 부처의 경지에 들어간다면 뇌가 전혀 필요 없습니다.

여러분이 꿈을 꿀 때 꿈속에서는 개가 되기도 하고 새가 되기도 했습니다.

새가 되어 날아갈 때에는 새의 뇌라야만 새의 몸짓으로, 새처럼 날아갈 수 있는 것입니다.

개가 되어 달릴 때에는 개의 뇌라야만 개의 몸짓으로, 개의 빠르기로 달릴 수 있는 것입니다.

그런데 여러분은 꿈속에서 어떻게 새처럼 날고 어떻게 개처럼 달렸습니까?

그때의 여러분은 개의 뇌입니까, 새의 뇌입니까, 사람의 뇌입니까?

우리의 성품이 지은 동업에 의해 인간의 류로 태어나서 같은 류끼리 더불어 마음의 능력을 쓰는 데 있어서 그 업권에서 쓰는 뇌가 필요하기 때문에 뇌에 의지해서 마음의 능력을 부리고 있을 뿐입니다.

이러한 이치에서 보자면 인간복제도 나중에는 가능하다는 것을 알 수 있습니다.

그 기능을 가질 수 있는 조건을 마련해주면 인연 있는 불성이 인연 따라 와서 깃들어버립니다.

인간과 똑같은 혹은 그 이상의 기능을 가지고 활동할 수 있는 그런 조건을 마련해주면 불성이 와서 거기에 깃들고 그것이 사람의 구실을 하게 됩니다.

여러분, 다시 한 번 얘기하지만 몸이 가자, 멈추자, 눕자 해서 여러분은 가고, 멈추고, 누웠습니까?

몸이 가자, 멈추자, 눕자 하기 전에 마음이 가자, 멈추자, 눕자 하니까 몸이 가고, 멈추고, 눕지 않습니까?

이것은 마치 햇빛 아래 그림자가 홀로 움직이지 않고, 몸이 움직이면 따라 움직이듯이 그러한 것입니다.

그러므로 개의 몸이든, 새의 몸이든, 사람의 몸이든, 개의 뇌든, 새의 뇌든, 사람의 뇌든 그 무엇이 있어, 즉 근본이 되는 영혼, 우리의 마음이 있기에 활동할 수 있는 것입니다.

따라서 영혼이 있느냐에 대한 답은 자명한 것입니다.

우리는 왜 태어났습니까?
왜 사는 겁니까?

　우리는 모두 인연관계로 태어나기 때문에 그냥 태어나는 일이 없습니다. 왜 우리가 인간으로 태어났으며 또 인간세상 중에서도 미국에 태어난 것도 아니고 러시아나 프랑스, 독일에서 태어난 것도 아니고 대한민국에 태어났겠습니까?

　대한민국에 있는 사람들과의 인연이 많아서 대한민국에 태어난 것입니다.

　또한 대한민국에 태어날 인연이 많기 때문에 대한민국에 태어났는데, 그 인연이 좋은 인연으로 많으냐, 나쁜 인연으로 많으냐에 따라서, 그 사람 생애의 모든 일들이 다른 사람보다 더 잘

되어 행복을 누리기도 하고, 하는 일마다 안 되어 불행해지기도 합니다.

즉, 전생에 자신이 좋고 나쁜 모든 인연을 지어 강한 인연의 힘에 의해 여기에 태어나 과거에 지은 인과를 받고 있는 것입니다.

화면 화, 복이면 복의 과보를 받고 있는 것입니다. 생명의 빚을 졌으면 생명의 빚을 갚기 위해, 물질의 빚을 졌으면 물질의 빚을 갚기 위해, 복을 지었으면 그 복을 받기 위해 헤아릴 수 없이 다양하고 많은 업연에 따라서 미국도 러시아도 프랑스도 아닌 대한민국에 태어난 것입니다.

그러면 우리는 인과를 갚기 위해 사는 겁니까?

우리는 꼭 살고자 해서 살고 죽고자 해서 죽는 것은 아닙니다. 인연 따라 이 세계에 태어났으니까 그 인연에 의해 살게 된 것입니다. 그리고 그 사는 가운데에서 과거에 지은 모든 죄는 죄대로 받고, 과거에 지은 복은 복대로 받는 것입니다.

그래서 그 사람이 과거에 어떻게 살았는가를 보자면 이생에 누리고 사는 것을 보면 알 수 있다고 했고, 그 사람의 내생을 보고자 하면 지금 그 사람이 어떻게 사는가를 보면 알 수 있다고 했습니다.

그렇다면 우리 삶의 필연적인 목적은 없는 것입니까?

우리는 각자의 과거 인연관계에 의해서 이렇게 이 세상에 와서 각자 지은 바 과보를 받으며 또한 갖은 죄복을 지으면서 살아가고 있는 것이지만 누구나 공통적으로 꼭 해야 할 일이 있다면 그것은 자신의 본연을 회복하는 일입니다.

우리의 본연은 선과 악을 초월하여 고락과 생사가 없는 존재입니다.

그런데 자기 능력을 경계로 알아 그것을 취하려 하고 욕심을 낸 데에서 이렇게 전개되어 생노병사가 있게 되었습니다.

그러므로 자신의 본바탕인 본성을 깨달아 고통과 속박, 죽음이 없는 영원한 생명의 실체인 본연을 회복해야 하는 것입니다.

우리 삶의 필연적인 이유가 있다면 바로 근본을 회복하는 이것인데 대부분이 이를 망각하고 살아갑니다.

이 점에 대해서 정말 모두들 각성해야 합니다.

고통과 속박 속에서 몸부림치면서 낙원과 같은 삶, 자유의 삶을 희구하고, 죽음을 두려워하면서 영원히 살기를 바랍니다.

그러면서노 왜 이러한 삶이 되었는지, 어떻게 해야 이러한 삶을 초월할 수 있는지 알려 하지 않습니다.

근본을 깨닫고 근본을 회복하는 것이야말로 우리가 원하는 영원한 낙원, 영원한 자유의 삶을 누릴 수 있는 유일한 길입니다.

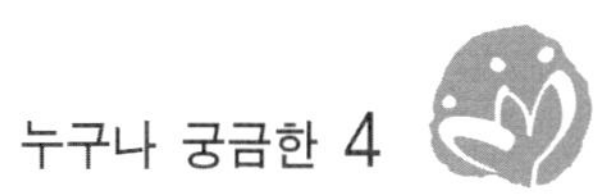

나는 누구입니까?

여러분은 인간으로 태어날 수 있는 인연을 많이 심고 인간세상에 날 행을 과거에 많이 했기 때문에 인간세상에 태어났습니다.

그것은 구름이 나타났다가 사라지는 것과 같고 보석의 빛이 번쩍였다가 사라지는 것 같다고 하지 않았습니까? 원래는 무엇이었습니까?

어떠한 모양으로도 어떠한 빛깔로도 있는 것이 아닙니다. 형색을 초월해 있어서 생사의 고통과 모든 속박이 없는 영원한 존재입니다.

그런 것이 있을 수 있습니까?

있다면 증명할 수 있습니까?

눈으로 볼 수 없고 손으로 잡을 수 없다고 해서 없다 할 수는
없습니다.

여러분은 허공이 없다고 할 수 있습니까? 허공은 눈으로 볼
수도 없고 손으로 잡을 수도 없습니다. 그러나 허공이 없다면
여러분이 한시인들 살 수 있겠습니까?

해가 되든, 별이 되든, 아니 태양보다 더 큰 것이라도 먼저 없
어지고 나중에 없어지는 시간적인 차이는 있을지언정 언젠가는
반드시 없어집니다.

그러나 허공은 볼 수도 없고 잡을 수도 없이 존재하는 것이기
때문에 영원합니다.

무정(無情)에 있어서 형색 없이 영원한 것이 허공이라면 유정
(有情)에 있어 형색 없이 영원한 것은 마음입니다. 마음의 실체
는 모양과 빛깔을 초월해서 존재하는 것이기 때문입니다.

인생은 고라고 하는데 모든 고는 어디로부터 비롯되었습니까?

그렇습니다. 인생은 고(苦)입니다. 고라는 것도 천편일률적으로 애기할 수는 없지만 인간세상은 고가 더 많은 세상입니다.

인생을 고라고 하자면 전생에 지은 복이 천상에 태어날 정도의 복이 아니기 때문에 고가 더 많은 인간세상으로 태어난 것입니다.

그러므로 어디로부터 이 고가 비롯되었는가 묻는다면 스스로 짓는 데에서 비롯되어 스스로 받고 있는 것이라 할 것입니다.

제가 전생으로부터 나쁜 습관을 익히고, 좋은 인연보다도 나쁜 인연들을 많이 심었기 때문에 이 세상에서의 모든 일이 제 마음대로 되지 않습니다.

마음대로 되면 고라고 할 수가 없습니다. 마음대로 되지 않으니까 고라고 합니다.

마음대로 되지 않는 모든 것이 자기 마음의 지은 습관, 자기 마음으로 지은 인연에 따라 받고 있는 보입니다.

그러므로 설사 깨닫지 못했더라도 늘 베푸는 마음으로 덕을 쌓고 남을 나와 같은 입장으로 헤아려주면 그 삶은 살 만한 것이 됩니다.

그렇다 해도 생노병사의 고통은 면하지 못하지 않습니까.

그렇습니다. 그 문제를 해결해 줄 수 있는 종교는 불교뿐입니다. 불교는 참나를 깨달아 영원한 삶을 누리게 하는 종교입니다.

그럼으로써 이 세상의 모든 고통과 속박뿐 아니라 죽음까지 초월한 대자유를 누리게 하는 유일한 종교라 할 것입니다.

인과응보는 정말로 있는 것입니까?

그것은 마치 농사를 짓는 것과 같습니다. 창고에 곡식을 가득히 채워놓은 사람은 겨울에 추울 때 편안히 잘 삽니다. 봄볕에 씨를 뿌리고 삼복더위에 곡식을 가꾸어서 가을에 열심히 추수해 들인 덕에 겨울에 편안히 잘 살 수 있는 것 아닙니까. 그와 같습니다.

전생에 여러분이 모든 복과 덕, 선행을 쌓지 못했기 때문에 고가 많은 것입니다.

봄에 씨는 안 뿌리고 여름, 가을에 작년 농사지은 것으로 먹고 살면서 놀고 못된 짓이나 하면, 겨울이 되어서는 거지가 되든가 굶어 죽든가 할 것이 아닙니까.

그렇다면 현실에서 부조리하게 보이는 것이 전생을 다 알기 전에
는 판단할 수 없는 일이라는 말씀이십니까?

그렇습니다.

어째서 악인이 잘 사느냐 하면서 억울해하지만 그 사람은 그
나쁜 짓거리로 이슬처럼 짧은 이생, 인간 100년은 잘 살지 모르
지만 다음 세상은 자신이 지은 몇 배의 고통과 속박 속에서 살
아가게 됩니다.

인과응보는 필연적입니다.

내가 남을 때리지 않았는데 남이 나를 때리겠습니까? 내가 남
을 괴롭히지 않는데 남이 나에게 시비를 걸겠습니까?

네. 그런 일도 있습니다.

그런 일이 있다고 하지만 멀리 보면 그것도 전생으로부터 그
런 관계를 지어온 것입니다.

그건 너무 운명론적이지 않습니까? 그런 내가 나쁜 일을 당해도
전생에 지은 것이니까 계속 당해야만 합니까? 나쁜 사람이 나쁜
일을 해도 내생에 받을 테니까 내버려 둬야 합니까?

그것은 아닙니다. 그래서 종교가 필요한 것입니다.

아무리 그 사람이 나에게 나쁘게 대할지라도 늘 선행으로 이끌고 이해로 대해서 올바르게 이끌어줘야 합니다.

그렇게 할 때 앞으로 만나는 인연이 좋은 인연이 되어 다가오는 앞날이 평탄하게 되고 행복하게 됩니다.

그건 너무 억울하지 않습니까? 나에게 정말 잘못한 이에게는 처벌과 복수가 하고 싶지 않을까요?

그것이 계속 반복되어서 끊임없이 되풀이되는 것입니다.

지금 내게 힘이 있어 복수를 한다 해도 그 사람은 반드시 그 복수를 다시 복수로 갚으려 하는 마음을 강하게 먹게 됩니다. 그런 강한 마음에 의해 다음에 만나게 되고, 만났을 때 서로간의 악연이 되풀이됩니다.

그러니까 상대방이 나에게 잘못한다 해도 그 사람을 용서하고 잘 선도해서 이끌어가자는 것이 종교입니다.

전생의 인연으로 부당한 일을 당했을 때에도 잘 풀어서 좋은 인연으로 회향시켜야만 가깝게는 이생의 돌아오는 날에, 멀게는 내생에 서로의 만남이 평탄할 수 있기 때문입니다.

전생과 내생이 있습니까?

전생과 내생은 반드시 있습니다. 어제가 없는 오늘은 있을 수 없고 오늘이 없는 어제는 있을 수 없습니다.

또한 오늘이 있는데 내일이 없을 수 없고 내일이 있다면 오늘이 없을 수 없습니다.

전생이라고 하면 꼭 이 몸 받기 전만 전생이고 내생이라고 하면 꼭 이 몸 죽어야만 내생이 아닙니다.

이 몸에 있어서도 어제는 어제대로 과거이고 전생입니다. 또 지금 이 시각 이후에 다가오는 것이 모두 내생이라면 내생입니다.

멀리 보느냐, 가깝게 보느냐의 차이는 있을지라도 이치는 똑같습니다. 우리는 단 한 순간을 살아도 과거, 현재, 미래 속에서 살고 있습니다.

 만약 그런 것이 없는 데에서 존재한다면 영원한 현실 속에서 사는 본연의 존재일 것입니다. 그것은 깨달아서 완벽하게 본연을 회복한 삶이라고 할 수 있을 것입니다.

죽으면 몸은 흙으로 돌아가는데
그것이 끝입니까?

지금이 있으면 반드시 다음이 있습니다. 지금이 없어야 다음이 없고 다음이 없어야 지금이 없는 것입니다.

다음이 있으면 반드시 지금이 있습니다. 원인이 있으면 결과가 있는 것처럼 지금의 여러분이 있으면 다음의 여러분도 있는 것입니다.

어제의 여러분이 있기 때문에 오늘의 여러분이 있는 것 아닙니까. 어제 없는 여러분이 있습니까? 오늘의 여러분이 있기 때문에 내일의 여러분도 당연히 있는 것입니다. 나고 죽는 것도 그와 같습니다.

반드시 태어남이 있으면 죽음이 있고, 죽음이 있으면 태어남이 있습니다. 그러므로 여러분이 끝이라고 생각하는 끝은 없습니다. 다만 여러분은 여러분의 몸뚱이를 자신으로 알기 때문에 그런 질문을 하게 되는 것입니다.

그런데 그 몸뚱이가 어떻게 여러분입니까?

여러분이 질문할 때에도, 질문을 하고자 하는 생각을 하니까 여러분의 입이 말하는 것이지, 여러분의 입이 말하니까 그 생각을 하고 있는 것이 아니지 않습니까. 여러분이 나한테 질문하고 있는 그 실체는 모양이 있는 것입니까, 없는 것입니까?

여러분이 어디를 갈 때, 걸어가고자 하는 생각도 없는데 발이 저 혼자 알아서 떠벅떠벅 걸어가고 있었습니까?

여러분이 가고자 하는 마음을 먹으니까 그 몸뚱이가 가는 것 아닙니까.

마치 사람이 가니까 그림자가 따라다니지, 그림자가 가니까 사람이 따라다니는 것이 아니듯이 너무도 당연한 것입니다.

그렇다면 어떤 것이 진짜입니까? 그림자가 아니라 사람이 진짜이듯, 몸이 아니라 마음이 진짜가 아닙니까.

그 몸뚱이는 마음이 시키는 대로 했을 뿐인데 어째서 그 몸뚱이가 여러분입니까.

이 마음의 실체를 한 번 보십시오.

이 마음의 실체는 죽는 것이 아닙니다.

모양 없고 빛깔 없는 그 존재, 몸을 끌고 다니는 참 자기는 없어질래야 없어질 수 없습니다. 그래서 절대 없어지지 않고 그 지은 바대로 물레방아처럼 육도에 윤회하게 되어 있습니다.

죽으면 끝이 아닙니다. 죽어서 해결되는 것은 없습니다. 죽어서 끝나는 것도 없습니다. 몸은 흙으로 돌아간다고 하지만 여러분이 말하는 영혼은 지은 바에 따라 다시 삼계 그 어딘가의 몸을 받아 윤회의 삶을 계속하는 것입니다.

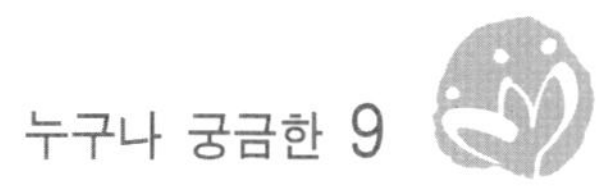

극락과 지옥이 있습니까?

당연히 있습니다.

극락이란 나라고 하는 내가 이 몸뚱이가 아니라 마음의 실체임을 깨달아서 모든 선악을 초월한 근본을 완벽하게 회복한 자리입니다.

생사가 없고 속박이 없는 그러한 삶, 즉 말하자면 내 마음과 같이 이루어지고 내 마음과 같이 살 수 있는 세계가 곧 극락입니다. 그러므로 극락의 세계를 누리려면 자기 마음의 실체를 깨달아야 하는 것입니다.

반면에 사람으로서 덕과 선과 복을 전혀 닦지 않고 남을 괴롭히는 못된 짓거리만 하는 사람은 자기 자체가 지옥입니다. 설사 어디에 태어나도 그 사람이 태어나는 곳, 그 사람이 사는 곳이 지옥입니다.

단 하나의 좋은 인연도 없이, 그 사람이 상대하는 인연은 모두 나쁜 인연으로 만나지기 때문입니다.

인간세상에 있어도 그곳이 지옥입니다. 만나는 사람마다, 하는 일마다, 편한 사람이 없고, 되는 일이 없습니다.

만나는 사람마다 그 사람을 미워하고 압박하고, 하는 일마다 실패하고 망합니다.

축생으로 태어나도 지옥입니다. 자기가 상대하는 놈마다 힘이 세어 늘 상대방에게 압박당하고 잡혀먹힙니다.

지옥에 간다 해도 일일일야만사만생(一日一夜萬死萬生)하는 지옥에 갑니다. 용광로에 빠져 죽으면, 빠져 죽는 즉시 다시 화현으로 태어나서, 또 빠져 죽고 또 빠져 죽는 지옥에 태어나는 것입니다.

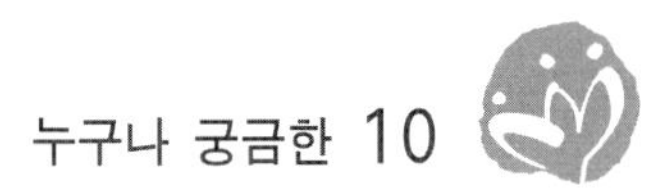

우리가 죽으면 살아있을 때의
모든 인연과는 어떻게 되는 겁니까?

살아있을 때의 모든 인연과 계속 인연을 맺게 됩니다.

우리가 대한민국에 태어난 것도 우연이 아니듯이 그러나 대한민국에 태어나서도 다 만나는 게 아니라 인연이 있는 사람들끼리 만나듯이 그렇습니다.

다음 생에 축생의 몸을 받든, 사람의 몸을 받든, 전부 유유상종으로 만납니다. 나쁜 짓을 많이 한 사람들끼리 축생보를 받아 축생에 떨어지고, 아귀보를 받아 아귀에 떨어지고, 지옥보를 받아 지옥에 떨어집니다.

같은 업을 지었으니까 같은 세계에 떨어지는 것입니다.

그리고 같은 세계에 떨어진 사람들 중에서도 깊은 인연끼리 서로 만나게 됩니다.

마치 우리가 대한민국에 태어나서도 대한민국에 있는 모든 이들을 만나 함께 하는 것이 아니라 인연이 있는 사람들끼리 만나 이생의 삶을 함께 하듯이, 축생이 되든 아귀가 되든 지옥이 되든 인연을 깊게 맺은 존재와 함께 하게 됩니다.

인연이란 쇠와 자석과 같아 좋은 인연이든 나쁜 인연이든 반드시 인연이 깊은 사람끼리 다시 만나게 됩니다.

그래서 모든 인연은 선연으로 풀어가야 하는 것입니다.

마음이란 것은 무엇입니까?

지금 그 질문을 누가 하고 있습니까? 마음이 하고 있는 것이지 그 입이 질문하고 있는 것은 아니지 않습니까. 마음이 하는 것이지 그 육신이 하는 것은 아니지 않습니까.

호흡이 끊어진 송장이 질문하는 것을 봤습니까?

죽으면 시체입니다. 시체는 물기운과 흙기운으로만 남아있는 것입니다.

살아서는 물기운, 흙기운과 더불어 몸의 따뜻한 온기를 이루는 불기운, 바람기운의 네 가지 기운이 모여서 산 몸뚱이로 운용되지만 죽어버리면 두 가지뿐입니다.

그것이 여러분이란 말입니까?

아니지 않습니까.

여러분은 여러분이 묻는 마음, 그것입니다.

그런데 그 마음이 어떤 것인가 한 번이라도 깊이 생각하며 산 적이 있습니까? 그래서 부처님께서는 종을 가지고 주인으로 삼고 있다고 하셨고 이 세상을 전도의 세상, 즉 거꾸로 뒤집어진 세상이라고 하셨습니다.

마음이 주인이지 그 몸뚱이가 주인입니까? 그런데 모두들 그 몸뚱이를 자신으로 삼아 살고 있지 않습니까.

마음은 모양이 없는데
왜 몸에 묶여있습니까?

몸뚱이를 저로 삼기 때문에 거기에 묶여 살고 있는 것입니다. 마음을 자신으로 삼고 살아서 그것이 정말로 일상이 되면 절대 묶일 리가 없습니다.

그런데 이미 몸뚱이가 자신이라고 철저하게 길들여진 데에서 살기 때문에 묶임이 있습니다.

엊저녁 꿈의 몸뚱이는 없는 몸뚱이인데 엊저녁 꿈속에서 고통스러운 환경에 임해서 고통스러웠습니다.

꿈의 몸뚱이는 없는 몸뚱이인데 어째서 고통스러웠습니까? 꿈속에서는 꿈속의 몸뚱이가 절대 있다고 생각했기 때문이 아닙니까.

그 몸뚱이가 꿈을 깨고 보니까 있었던 것입니까? 있었던 것이 아니라면 그 몸뚱이에 묶여 고통받을 이유도 없었던 것 아닙니까?

그런데도 꿈속에서는 그 몸뚱이에 묶여 고통받지 않았습니까. 그와 같은 것입니다.

그렇다면 꿈속에서 그 몸이 자기라고 철저하게 믿고 있었기 때문에 고통이 있었듯이 우리의 마음이 본래 모양이 없는데 몸에 묶여 있는 것이 그와 같다는 것입니까?

그렇습니다. 조금도 다를 것이 없습니다. 원래는 묶일 것이 없건만 스스로 몸뚱이를 자신으로 알고 자신이라고 생각하기 때문에 묶여있는 것입니다.

우리는 수수 억겁 생 동안 철저하게 그렇게 길들여져 버렸습니다. 만약 우리가 꿈속에서 꿈속의 몸뚱이가 있는 것이 아니라는 것을 철저하게 안다면 꿈속의 몸뚱이에 묶여 고통스러워하겠습니까?

그렇지 않을 것입니다. 그렇듯이 요게 인간이 몸을 받았지만 마음의 실체가 자신임을 깨달아 철저하게 일상화가 되면 몸에 묶임으로써 고통받을 것이 없습니다.

부처의 삶이 그것이고, 극락의 삶이 그것입니다.

감정과 이성이 다른 것을
어떻게 다스려가야 합니까?

감정이라는 것은 동물적인 것입니다. 언제든지 매사를 처리할 때 동물적인 데서 즉흥적으로 처리하기보다는 이성적인 데에서 한 번 더 생각하고 그 일에 응해야 할 것입니다.

이 세상을 사는 데 있어서도 이성적인 것을 떠나서 감정적인 데에서 사는 사람은 동물화되어가는 것입니다.

모든 일을 대할 때 한 번 더 깊이 생각해서 어떤 것이 옳고 어떤 것이 그른 것인가, 어떻게 하는 것이 더 나을 것인가를 생각한 후에 행동에 옮길 때 지성인이라고 하는 것입니다.

사람들은 감정적인 것을 미화시키기도 합니다. 예술이 되든 뭣이 되든 마음의 온갖 감정들을 아름다운 것이라 해서 그것을 추종하지 않습니까.

예술적인 측면이 감정이라는 것입니까? 아닙니다.

감정적인 데에서 예술을 하는 것과 지성적인 데에서 예술을 하는 것과는 하늘땅 차이입니다.

감정적인 데에만 치우칠 때에는 자기 혼자 빠져있는 것에 불과한 것입니다.

자신의 내면을 어떠한 행위 속에서 다른 사람이 받아서 공감하고 공유할 수 있게끔 하는 것이 예술입니다.

만약 사람들이 받아서 공감하고 공유할 수 없다면 예술이라 할 수 없습니다.

또한 더 나은 세계로 이끌어주는 측면으로 공감, 공유할 수 있게 해야 참다운 예술이라고 할 것입니다.

그래도 자기 속에 최대한 심취하고 그것을 있는 그대로 표출하는 것을 진실한 예술이라고 말하기도 합니다.

자기 혼자 심취하고 자기를 있는 그대로 표출하는 것이 저절로 많은 이들이 공감하고 공유할 수 있는 것이 된다면 천재입니다. 그렇지 않을 때에는 많은 사람들이 보고 많은 사람들이 느낄 수 있는 데에서 하고 있기 때문에 이성이 개입되지 않을 수 없는 것입니다. 다른 사람들이 더 나은 세계를 맛보고 함께 체험하고 누릴 수 있도록 해야 하기 때문입니다.

하지만 현대에는 오히려 '네 마음대로 살아라. 도덕이나 관념에 묶이지 않고 사는 것이 진실한 것이다.' 이렇게 얘기합니다.

정말로 내가 마음대로 사는 것이 타인이 마음대로 사는 것에 방해되지 않는 그런 삶이 극락입니다.
그런 삶이 진정한 자유민주주의입니다.
내 마음대로 사는 것이 다른 사람의 마음대로 사는 삶에 장애가 되면 그것은 자유민주주의가 아닙니다. 거기서 싸움이 나고 전쟁이 나는 것입니다. 작게 날 때에는 개인의 싸움이 되고, 크게 날 때에는 국가간의 전쟁이 되는 것입니다.

어떻게 하면 욕심과 분노와 어리석음을 다스려 마음의 평화를 얻겠습니까?

내가 남을 편안하게 해줬을 때에 내 마음이 편안해지는 것입니다.

내가 먼저 남들을 편히 대해주었을 때 남들이 편안한 모습, 편안한 눈길, 편안한 마음씨로 나를 대합니다. 그러므로 내가 편해집니다.

다시 한 번 말하지만, 이 사회는 혼자 사는 것이 아닙니다. 그래서 이 사람은 사람들에게 '나는 나를 알고 있는가?' '옳은 일은 일관하는가?' '모든 일에 인내하는가?'라는 세 가지 글귀를 인생의 신조로 삼기를 권하곤 했습니다.

더불어 사는 세상이기에 매사에 인내하면서 이성적으로 생각해서 응해갈 때 이 사회가 올바르게 운영됩니다. 바른 사회가 됩니다. 그리고 그렇게 되었을 때 마음의 평화를 얻게 됩니다.

그런데 그걸 손해라고 생각하는 경우가 많습니다.

그것을 손해라고 생각하는 것은 대단히 잘못된 일입니다. 창고 깊이 두었던 씨앗을 봄이 되어 땅에 뿌릴 때 그것이 내버리는 것입니까? 백 알, 천 알을 얻기 위해서 그 한 알을 내어다 뿌리는 것입니다.

그렇듯이 내가 주위에 있는 모든 사람들에게 늘 선(善)으로써 좋게 대하고 좋은 일을 하면 나는 한 사람으로서 백 사람을 그렇게 대했는데 백 사람이 나 한 사람을 좋아하고 따르게 됩니다. 나중에는 결과적으로 주위 모든 사람과 좋은 인연관계로 접하게 됩니다.

이렇게 될 때 내가 편안해지는 것입니다.

풀기 어려운 인연은
어떻게 풀어가야 합니까?

전생으로부터 나쁜 인연을 심어왔기 때문에 결과적으로 그렇게 된 것입니다.

그러므로 나쁜 인연이라고 해서 나쁘게 대하지 말고 '내가 과거에 지었기 때문에 이런 결과를 받는 것이니까 모든 것이 내 탓이다, 내가 전생에 짓지 않았다면 이런 일이 있겠느냐.'라는 생각으로, 마음을 접고 늘 그 사람을 용서하면서 좋은 마음으로 대하십시오.

속담에 '웃는 낯에 침 못 뱉는다.' '사정하는데 이길 장사 없다.'라는 말이 있듯이 그렇게 됩니다. 즉, 어떤 사람이 나에게

열 번을 나쁘게 할지라도 내가 열한 번째 다시 좋게 대하면 악연도 선연으로 바뀝니다.

쉬운 일은 아니지만 우리는 이렇게 해서 악연을 선연으로 회복한 경우를 종종 접하곤 합니다.

그런데 상대방이 잘못된 행동을 하는데도 용납하는 것은 그 사람이 죄를 짓는 데에 동조하는 것이니까 동업을 짓는 것 아닙니까?

상대방에게 끌려가서 동조하는 것과 그 사람과의 인연을 좋은 방편으로 풀어가는 것과는 다릅니다.

예를 들면, 어떤 일을 처리해야 할 때 상대방이 나에게 부당한 일을 하려고 하면 어떻게 해야 합니까?

이미 돌이킬 수 없이 당해버린 경우에는, '너는 나쁜 놈이다.' 하면서 원망과 저주로 대하는 것보다, 당한 것을 훤히 알고 있다는 것을 알게끔 하면서도 그 사람을 좋게 대하고, 대신 그 사람을 잘 알게 되었으므로 다음부터는 절대 당하는 일이 없도록 철저하게 대비해 나가야 합니다.

만약에 지금 그 사람이 그렇게 하려고 할 때에는 어떻게 해야 합니까?

　내가 철저하게 대비를 해서 당하지 않도록 하면서도 늘 좋게 대해야 합니다. 그러자면 언제나 슬기롭게 살아야 합니다.

　다른 이들이 죄를 짓게 방임하는 것도 죄입니다. 예를 들자면 문을 항상 잠그고 다녔더라면 도둑을 안 맞았을텐데 하루는 문을 열어놓고 나갔습니다. 마침 걸인이 와서 동냥을 하려고 하다가 인기척이 없어 안을 들여다보았는데 아무도 없이 비어 있어 들어가서 도둑질을 했습니다. 이렇게 된 경우에 문을 열어놓고 나간 것은 다른 사람이 나쁜 짓을 하기 좋게끔 조건을 만들어 놓는 것이므로 죄라는 말입니다.

　그런 죄를 짓지 않으려면 평상시에 문단속을 철저히 해야 할 것입니다. 이처럼 만에 하나를 대비해서 철저히 지혜롭게 해나가야 합니다.

　또한 자신이 굶어죽게 생겼는데 도둑질하지 않을 사람은 정말 드뭅니다. 그러므로 굶주리는 사람이 없도록 개인적으로 또 사회단체에서 능력이 있는 대로 늘 도와줘야 합니다.

　개인의 인연은 그렇다고 치고 사회정의적인 측면에서 저 사람은 꼭 징벌해야 하는데 그런 것도 선연으로 만들기 위해 내버려둬야 합니까?

사회의 구성원으로 살아가는 데 있어서 정말로 벌을 줘야 할 것은 벌을 줘야 합니다. 일벌백계해야만 다른 사람이 그런 죄를 범하지 않습니다. 나라의 법으로써 다스려가고, 또 벌을 주는 기관에서 처벌이 이루어져야 합니다.

그렇지만 종교단체에서는 그런 사람들까지도 내면적으로 선도해서 이끌어가야 하는 것입니다.

영원한 것이 있습니까?

당연히 영원한 것이 있습니다.

앞의 문답에서 말한 바와 같이 모양이 있는 것은 먼저 없어지고 나중에 없어지고의 차이는 있지만 언젠가는 반드시 없어집니다.

그러나 사실 없어진다고 해서 아주 없어지는 것도 아닙니다. 여기서 없어진 것만큼 다시 모여 인연 조건이 갖춰진 데에서 또다시 형성되고 있는 것입니다.

그런데 모양이 없는 것은 천부경에서 말했듯 당초부터 생긴 적도 없고 없어진 적도 없습니다. 더함도 덜함도 없습니다.

허공도 그렇지 않습니까? 모양 없이 존재하는 것이기에 없앨래야 없앨 수가 없습니다.

가령 핵폭탄을 한 데 모아 터트려서 지구 전체를 단번에 없애 버린다 할지라도 허공은 한 점도 없앨 수 없습니다.

그래서 무정에 있어서는 허공이 영원하고, 유정에 있어서는 우리 마음의 실체가 영원합니다.

그런데 정말 깊이 들어가면 허공마저도 마음의 실체로부터 비롯된 것이어서 밖의 것이 아닙니다.

신이 있습니까?
신이 있다면 어떤 존재입니까?

특정 종교에서 믿는 유일한 절대신은 없습니다.

하지만 사람들은 그렇게 생각하지 않습니다. 어떤 영험한 존재, 큰 힘을 가지고 있는 절대적인 존재가 있다고 생각합니다.

물론 우리 눈에 보이지 않고 손에 잡히지 않는 세계의 존재로서 사람들이 생각하는 큰 힘을 가진 존재가 있습니다.
예를 들어, 욕계와 색계에도 그 세계를 다스리는 존재가 있습니다. 그분들은 그 세계에서 가장 덕망이 높은 존재로서 그 업권의 세계를 이끌어갈 뿐입니다. 마치 인간세계에도 왕이나 대통령이 있어서 그 나라를 이끌어가듯이.

그런데 그 능력이 인간이 생각할 수 있는 한도를 초월한다는 것뿐이지 특정 종교에서 믿듯 모든 것의 운행과 인간의 행, 불행을 좌우하는 유일한 절대신은 있을 수가 없습니다.

특정 신이 있고 그런 신 밑에서 자기의 평안과 행복을 얻으려 하는 것은 대단히 잘못된 것입니다. 자기 밖에서 자기의 행, 불행을 찾고 있는 것이기 때문입니다.

땅에서 넘어진 자는 땅을 짚고 일어나야지 허공을 잡고 일어날 수는 없습니다. 그렇듯이 우리의 불행은 우리 마음을 잘못 쓴 데에서 비롯된 것이기에 다른 무엇에 의해 달라질 수 없습니다.

우리가 영원한 존재인 본래의 마음을 망각하고 잘못 써서 이렇게 육도가 전개되고 고해가 되었으므로, 본래의 마음을 깨달아 그 마음이 본래 지니고 있는 지혜와 능력을 자유롭게 베풀어 누리며 살아야 합니다.

거기서 우리의 행복이 이루어지지 자기 밖의 절대자에 의해 행복이 이루어지는 것이 아닙니다. 그리고 인간의 행, 불행을 좌우하는 신은 존재하지 않습니다. 있을 수가 없습니다.

그렇다면 만약에 신이 있다면 다른 게 아니라 본래 성품의 능력을 더 발휘할 수 있는 존재란 말입니까?

 그렇습니다. 모두 똑같은 성품을 지니고 있는데 그걸 먼저 개발해서 베풀어 쓸 수 있는 존재들이 신령한 존재로 불립니다.
 그렇지만 우주 창조를 주관하고 만인의 행, 불행을 주관하는 유일한 절대신은 있을 수가 없습니다.
 모든 불성 중 동일한 업을 지은 불성들이 유유상종으로 모여서 업권을 형성한 것이 우주이고, 같은 업권에서도 더 업이 같고 인연이 깊은 생명들이 또다시 모여 자기가 지은 바대로 보를 받으며 살고 있는 것이 우리가 살고 있는 세계입니다.

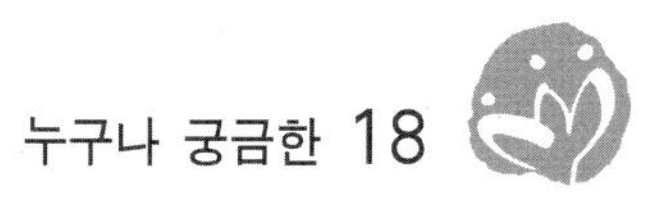

종교는 인류에게 꼭 필요한 것입니까?

절대 필요한 것입니다. 만약에 진리를 펴서 이끌어주고 좋고 착한 일, 복과 덕을 이 사회에 베푸는 종교의 역할이 없다면 인류는 점점 낙오되어서 하향해 가기만 할 것입니다.

왜냐하면 욕계에 속하는 우리 인간세상은 탐내고, 성내고, 어리석은 세 마음에 깊게 물든 세상이기 때문입니다. 그런데 종교는, 마치 연꽃이 더러운 물에 뿌리를 박고 그 몸을 담그고 살지만 더러운 물에 젖지 않고 아름답게 피어나듯이, 세상에 살면서도 세상에 물들지 않도록 합니다.

이 사회에 살면서 늘 선행을 하게 하고 복을 짓고 덕을 쌓게 하는 역할을 종교가 하고 있습니다.

이런 것들이 끊어지지 않게끔 계속 유지, 발전시키면서 사회에 늘 베풀도록 하는 것이 종교단체입니다.

그러므로 종교나 종교단체는 이 세상에 반드시 있어야 하는 것입니다.

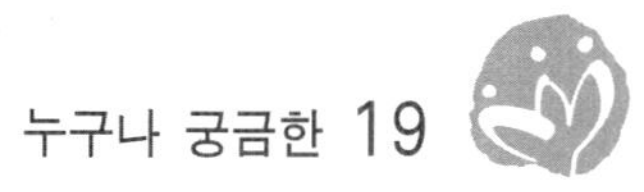

죽어서도 사상이나 종교가 있습니까?

사람은 죽는 즉시 대부분 49일 이내에 다른 몸을 받게 됩니다. 이때 인간 몸을 받아 난다면 당연히 사상이나 종교가 있는 세상을 살 것입니다.

인간 몸이 아니라 축생이나 아귀나 지옥중생의 몸을 받는다 해도 종교가 상관없는 것은 아닙니다. 인간계에 와서야 종교로써 선도해서 구제해 나가지만 그 구제는 축생과 아귀와 지옥중생에 다 미치기 때문입니다.

불교에서는 법이 높은 이들이 관행(觀行)으로써 무주고혼과 축생과 아귀중생, 지옥중생에게까지 기도와 법문이 전해지도록 합니다.

천도재, 49재, 방생재와 같은 의식을 통하여 지옥, 아귀, 축생

세계에 이르기까지 제도를 실행하는 종교는 지구상에서 불교가 유일할 것입니다.

또 하나의 예를 들자면, 사람이 동물을 기를 때, 기르는 주인이 착한 사람이면 그 동물은 주인과 선연을 깊이 맺게 되어 죽어서도 주인을 따라 다시 태어납니다.

그 착한 주인이 법력이 있다든가 올바른 신앙으로 철저히 수행을 한 분이면, 늘 그분을 따라 태어나다가 드디어는 상승해 올라오게 됩니다.

그러므로 참된 진리나 종교에 있어서, 또한 참답게 깨달은 분, 바르게 신앙을 하는 분에게 있어서는 삶과 죽음의 경계가 없다 할 것입니다.

생사간의 경계를 초월하여, 더욱 낮은 업권으로 전락해 가는 것을 막을 뿐 아니라, 상승하여 인간세상에 태어나도록 하고, 끝내는 깨달음으로까지 이끌어가는 것이 불교입니다.

종교인들은 종파가 다를 때 왜 서로를 비난합니까?

각 종교 내에도 여러 종파가 있습니다.

기독교 내에도 종파가 있고 불교 내에도 종파가 있습니다.

각 종교 내에서의 종파싸움은 옳은 것이 아닙니다.

하나의 뿌리에서 서로 비방하고 사는 것은 세상으로 말하자면 가족, 형제간끼리 화목하지 못한 것과 같습니다.

그러므로 기독교가 되었든 불교가 되었든 서로 아끼고 존중하며 감싸 나아가야지 서로 비방하는 것은 옳은 일이 아닙니다.

내 손길이 미치지 못하는 곳에 다른 선(善)의 손길이 미치는 것을 비방하면 되겠습니까?

내 손길이 미치지 못하는 곳에 다른 선의 손길이 미쳐서 잘 되어가면 오히려 칭찬하고 기뻐해야지 비방하고 무너뜨리려 한다면 그것은 대단히 잘못된 일입니다.

그러나 종교와 종교간을 이야기할 때는 또 다릅니다. 말하자면 유일한 절대신을 가정해놓고 믿으라고 하는 미신적인 종교는 잘못된 것이 아닙니까? 세상 모든 사람들에게 타당성 있는 말로 잘못된 것을 이해시켜서 그런 미신적인 종교는 믿지 않도록 하는 것이 좋은 일입니다.

어떤 것이 미신적인 종교인가 하는 것은 21세기를 사는 사람들이면 다 가늠할 수 있는 일입니다.

과학적으로나 이치적으로 타당한 것이라면 모르지만 과학적으로나 이치적으로나 옳지 않은 것을 믿는다면 미신인 것입니다.

그렇게 말씀하시지만 그 옳고 그른 기준이 헷갈립니다. 예를 들면, 특정 종교에서는 오히려 과학적이거나 이치적인 것을 초월한 데에 종교가 있다고 얘기합니다.

그러니까 과연 그런 말들이 그대로 수용할 수 있는 말인기를 잘 비추어 봐야 합니다.

불교가 되었든 기독교가 되었든 어떤 종교가 되었든 지금은 21세기의 문명시대입니다.

인공위성이 화성, 토성을 가는 시대 아닙니까. 그런 시대에 과학적으로나 이치적으로 맞지 않는 종교라면 미신이라고 할 수밖에 없지 않습니까.

반면, 이런 최첨단의 과학시대에 있어서도 수천 년 전부터의 교리가 과학적으로나 이치적으로 조금도 잘못된 바가 없는 종교라면 믿을 수밖에 없지 않겠습니까.

이런 것들을 잘 헤아려서 신앙하는 것이야말로 올바른 신앙을 하는 것입니다.

광신도와 독실한 믿음을 가진 종교인의 차이가 무엇입니까?

한편에서는 독실하다고 얘기하지만 한편에서는 빠져 있다고 이야기합니다. 기준이 무엇입니까?

과학적으로나 이치적으로 맞는 데에서 신앙한다면, 신앙에 빠질수록 오히려 좋은 것입니다. 그것은 빠진 것이 아닙니다.

광적인 것과 진리를 깊이 추구하는 것은 전혀 다릅니다. 바르게 알지 못하고 거기에 빠져 있는 것, 그것이 광신입니다.

그리고 종교에 있어서 광신은 가장 지양해야 할 것입니다.

그런 걸 구별할 수 있는 방법이 있습니까?

그 종교인과 대화해 보면 알 것입니다. 그 사람이 대화할 때에 과학적으로나 이치적으로 합리성이 있는 데에서 스스로 신앙하는가, 또한 다른 사람에게 종교적인 것을 권할 때 차분하고 신중한 데에서 이성적으로 하고 있는가를 보아야 할 것입니다.

진리를 가르치는 이를 볼 때는, 말할 것도 없이 더더욱, 광적이 아니라 이성적인가 보아야 할 것입니다.

무엇이 정도이고 무엇이 사도입니까?

과학적으로나 이치적으로 맞는 데에서, 우리 인류사회가 올바르게 운용되어 나아갈 수 있도록, 보다 더 나은 삶으로 이루어질 수 있도록 이끌어 가는 것이 정도(正道)입니다. 거기서 더 나아가서 영생할 수 있도록 이끌어가야 합니다. 이것이 정도입니다.

그러나 세상 사람들 이치대로 말하자면 종교의 진리에 깊이 들어서 하는 말이 오히려 맞지 않을 수도 있지 않습니까.

그러므로 정말로 종교로 사람을 이끄는 지도자라면 모든 이치에 달통해야 합니다.

모든 진리를 전부 언어로 표현해서, 아무리 그 종교와 진리에 반대하는 사람이라 할지라도 이치적으로 수용할 수 있는 능력이 있는 사람이면 다 수용이 될 수 있는 데에서 이야기를 해줘야 합니다.

가령 '영혼이란 것을 볼 수도 잡을 수도 없는데 그것을 어떻게 믿습니까?' 이런 질문을 받는다면, 앞에서도 얘기했듯이 보이지도 잡히지도 않지만 존재하는 허공의 비유를 들어서 얘기해주고 또한 '엊저녁에 네가 잘 때에 꿈속에 돌아다닌 것이 무엇인가? 네 몸은 누워있는데 꿈속의 너는 천하를 다 활보하고 다니지 않았는가. 그것이 무엇인가?'

이런 비유들을 들어서 그 사람이 다시 생각해볼 수 있도록 인도해 주어야 합니다.

이렇듯이 정도(正道)와 사도(邪道)라는 것도 설명해서 이해를 시켜줄 수 있어야 합니다.

기독교는 신을 이야기하고 불교는 공을 이야기합니다. 기독교 말대로 하자면 하나님만 믿으면 되고 불교 말대로 하자면 삶은 헛된 것인데 열심히 살거나 정직하게 살 필요가 있습니까?

그건 이치적으로 맞지 않는 말입니다. 죽어서만 하나님의 보호를 받고 은혜를 입는다는 것은 말이 안 됩니다. 죽어서 받을 수 있는 것이라면 살아서도 받을 수 있어야 합니다. 그러나 기독교를 믿는 사람이라 해서 생전에 도둑질을 하고 살인을 해도 벌을 안 받습니까? 그렇지 않지 않습니까.

만약 전지전능한 능력을 가진 하나님이 실제로 있다면 살아생

전에 그 사람이 그런 죄를 짓지 못하게끔 했어야 합니다.

또한 그런 죄를 지었더라도 전지전능한 능력으로 구제해 주어야 합니다. 믿기만 하면 죽어서 천당으로 이끌어서 영생을 하게끔 하는 전능한 능력이 있다면 어째서 살아있는 이에게는 베풀지 못합니까.

그러므로 하나님만 믿으면 천당에 간다 하는 것은 맞지 않습니다.

불교는 공(空)이라고 말하고 이 삶은 헛된 꿈이라고 합니다.

그것은 공이라는 것을 잘못 안 것입니다. 불교에 있어서 공이라는 것은 볼 수도, 잡을 수도 없는 우리 마음의 실체를 말한 것이지 사람들이 생각하듯 공하다고 한 말이 아닙니다.

만약 그렇지 않다면 불법에서 묘유(妙有)를 이야기할 리가 없습니다. 공 가운데 묘유가 있습니다. 공 가운데 묘유라는 것은 텅 빈 허공에서 눈과 비가 내리고, 우레소리가 나고, 바람이 불고, 고기압 저기압이 형성되듯 그러한 것입니다.

모양 색깔 없는 허공에서 모양과 색깔과 소리가 빚어지듯 지금 볼 수도 없고 잡을 수도 없는 마음의 실체가 갖은 생각을 다 하지 않습니까. 엊저녁 꿈에 모든 것을 다 만들어내고 때로는 개도 되고 새도 되지 않았습니까. 마음은 본래 그러한 능력을 지니고 있습니다.

그러니까 불교의 공이라는 것을 공하다고 한 것으로만 알면 불법을 아직 모르는 것입니다.

마음의 실체인 공, 그 가운데 묘유라는 것이 무궁무진하여 헤아릴 수 없습니다. 한마디로 일체유심조(一切唯心造), 공 가운데 묘유로써 이루어지지 않은 것이 단 한 가지도 없습니다. 모든 것이 공 가운데 묘유로써 형성되고 이 우주까지라도 공 가운데 묘유로써 형성된 것입니다.

그럼 이 삶은 허망한 것이 아닙니까?

두말할 나위도 없이 허망한 것이 아닙니다. 얼마나 진실하게 사느냐에 따라 다음 생이 결정되기 때문입니다. 하향해서 지옥, 아귀, 축생의 삶으로 전락하느냐 상승해서 천당, 극락의 삶으로 승화하느냐가 이생의 삶을 어떻게 사느냐에 달려있습니다.

또한 복을 짓고 선행을 하여 마음을 순화시키고 내생의 복락을 누리는 것뿐만 아니라, 마음의 실체를 깨달아서 영생하는 것까지도 이생의 삶에 달려 있습니다.

그래도 불교에서 이 삶이 허망하다고 하지 않습니까.

허망하다고 한 것은 육신을 나로 삼아서 육신의 종으로 그치는 것을 허망하다고 한 것입니다.

눈이 보고자 하는 대로 다 보여주고, 귀가 듣고자 하는 대로 다 들어주고, 코가 좋은 냄새 맡아달라고 해서 비위 맞춰주고, 입이 맛있는 것만 먹어달라고 해서 그렇게 해주고, 몸이 부드러운 것을 대주라고 해서 입히고, 이렇게 하느라고 갖은 죄를 다 짓지 않습니까.

이 모두가 몸을 나로 삼는 데서 그런 것이니 몸에 떨어져서 몸종 노릇만 하면서 갖은 죄를 짓는 것이 허망하다는 말입니다.

누구나 잘 살고자 하고 행복하고자 합니다. 그렇지만 영원한 마음의 실체를 몰라서 육신을 나로 삼고, 내세를 믿지 않아 몸뚱이 종노릇에 갖은 죄를 지으며 살면 결국 하향길로 떨어져 모든 고를 받게 되니 이 얼마나 허망한 일입니까.

불교는 지금 보고 듣고 생각하는 이 실체가 어떤 것인가를 깨닫고자 하는 수행을 하고, 이렇게 마음 수행을 하는 데에서 복을 짓고 덕을 쌓는 선행을 실행함으로써, 현생에는 이 사회의 모든 분들이 서로 화합하여 잘 사는 데 기여하고, 끝내는 깨달아 영생하자는 것이지 허망을 얘기해놓은 것이 아닙니다.

그럼 사람들이 허망하다고 할 때에 이미 그 자체가 몸을 자기로 삼은 데에서 나온 소견일 뿐이란 말씀입니까?

그렇습니다. 몸뚱이를 나로 삼아 그 몸뚱이 좋자고 갖은 죄를 짓고 그 몸뚱이가 없어지면 없어지는 걸로 알 때 허망한 것입니다.

유유업수신(唯有業隨身)이라고 했습니다. 즉, 우리가 죽으면 모양 색깔 없는 것은 모양 색깔 없는 것만 가져갑니다. 마음이 지은 바 업만이 마음을 따라갑니다. 죄복을 지은 업을 마음이 길들여 가지고 가서 다음 생에 인연을 심어놓은 대로 만나 그 과보를 받습니다.

이런 것을 모르고 몸뚱이 종노릇만 하면서 죽으면 그만이라고 알아 허망하다고 하는 것이 바로 허망한 것입니다.

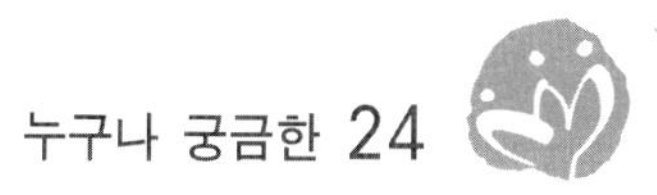

종교만 믿으면 천국에 갑니까?

그것은 대단히 잘못된 교리입니다. 그 어떤 절대신을 믿는다 할지라도 죄를 짓고 잘못된 삶을 살면 그 댓가를 받아야 하는 것입니다.

아니 누가 받으라고 하거나 받으려 하지 않더라도 그것은 쇠와 자석의 원리와 같아서 자연적으로 받게 됩니다.

그러므로 기독교인이 되었든, 불교인이 되었든, 하나님을 믿든, 부처님을 믿든, 믿기만 하면 천국에 간다는 것은 맞지 않는 말입니다.

불법에서는 자작자수(自作自受)라고 했습니다. 제가 지은 것의 과보는 제가 반드시 받는다는 말입니다.

그러므로 실수실증(實修實證)해야 됩니다. 실제로 깨달아 실제로 닦고 실제로 실행해야 하는 것이지, 종교만 믿는다고 해서 죄를 짓고 나쁜 행동을 한 과보가 없어질 수는 없는 것입니다.

불교에 있어서도 아미타불을 부르면 정토극락에 간다고 하고, 관세음보살을 부르면 모든 고액을 면한다고 합니다. 그런 것은 어떻게 된 것입니까?

그것은 잘못된 인식입니다. 염불을 가르친 분이 잘못 가르친 것입니다.

아미타불만을 지극히 부르면서 전생으로부터 지은 죄를 늘 참회하는 이가 무슨 잘못된 짓을 하겠습니까.

그러니까 그 말은 아미타불을 지극히 불러 한량없는 생명의 근원에 돌아가 귀의하는 마음의 수행을 하고, 늘 참회하여 다시는 잘못된 짓을 하지 않고 오직 선행만을 하면 아미타불이 창조한 극락세계에 간다는 말입니다.

그러나 깨닫지 못하면 극락세계에 나더라도 상품에는 태어날 수는 없습니다. 하품에 태어나 아미타불이 무량수각(無量壽閣)에서 설하는 법문을 항상 들어 느니어 상품에 가시아 제 마음의 실체를 깨달아 구경에 자성극락을 누리게 됩니다.

결국 아미타불이 건립한 극락세계도 구경에는 자성극락으로 귀결됩니다. 그래서 불법에서는 당초부터 자기 자성을 깨달아

서 모든 죄업을 닦고 생사와 고통, 속박이 없는 경지에 들어가
는 것을 참 극락이라고 합니다.

그럼 아미타불을 불러도 어떤 마음으로 부르느냐가 중요하다는
말씀입니까? 만약에 제 욕심만을 채우기 위해 부른다면 소용이 없
다는 말씀입니까?

그렇습니다. 그래서 그것을 공염불이라고 합니다. 백날 불러봤
자 전혀 소용이 없어서 극락세계에 날 수 없습니다.
다른 종교에서 무조건 믿으면 천국에 가고 믿지 않으면 지옥
에 간다고 하는 것은, 불교에서 이야기하는 바와는 전혀 다릅니
다. 바른 가르침을 따라서 실수실증해야 극락에 갈 수 있습니
다.

그렇다면 기도의 효험이라는 것은 무엇입니까?

기도를 하고 가피를 입는다는 것은 위에서도 쭉 이야기해 왔
지만 성인, 즉 석가모니불이라든가 관세음보살, 문수보살, 보현
보살 등의 불보살님들이 감응하신 데에서 이루어지는 것입니다.
불보살님들은 내가 나라는 실체를 깨달아 닦아 마쳐서 육신통
을 다 갖춘 분들입니다.

육신통을 다 갖춘 분은 말하지 않아도 상대방이 보고 듣고 생각하는 것을 모두 환히 꿰뚫어 압니다.

그렇게 자성의 능력은 무한합니다. 그것을 소위 전지전능하다고 합니다. 우리의 마음이 전지전능한 것이지 어떤 신이 따로 있어서 전지전능한 것이 아닙니다.

자성의 공 가운데 묘유가 있어서, 텅 빈 허공이 묘하게 우레를 만들고 번개를 만들고 구름을 만들고 비와 눈을 만들어내듯 모든 것을 지어냅니다.

엊저녁 꿈도 그런 능력이 있어서 꾼 것입니다. 불보살님들은 그렇게 마음먹으면 마음먹은 대로 실제 실현할 수 있는 능력을 지녔습니다.

어떤 사람이 이생에 무엇인가 뜻을 이루려고 할 때 장애가 있는 것은, 그 사람이 전생에 지은 악연 때문입니다. 불보살님들은 전능한 능력으로 그 악연이 미치지 못하도록 하여 기도하는 뜻을 이루어주십니다.

그러나 전생에 제가 지은 악연을 없애줄 수는 없어서 결국 제가 지은 바는 제가 갚아야 합니다.

즉, 스스로 지은 죄는 스스로 마음으로부터 뉘우쳐 닦아가야 하는 것이지 불보살님이 대신 없애줄 수 있는 것은 아니란 말입니다.

불보살님은 자석이 쇠에 미치는 기운처럼 강하게 작용하는 악연이 잠시 미치지 못하도록 하여 그 소원을 들어주면서 기도하는 사람들이 악연을 선으로써 회향하도록 함으로써 선의 길로 이끌어줍니다.

이것이 기도의 효험입니다.

그러면 만약에 참회를 한다 해도 죄업이 없어지는 것은 아니어서 과보는 다 받게 된단 말입니까?

꼭 그렇다고만 할 수도 없습니다. 받을 과보를 좋은 방향으로 회향시켜 갈 수 있기 때문입니다.

예를 들면, 서로 악연인 이들이 칼부림을 하여 죽고 죽일 상황인데 성인이 이를 말려 좋게 회향하게끔 할 수 있습니다.

불보살님의 높은 덕과 능력으로 악연의 과보를 수월하게 받도록 하는 것입니다. 그러나 그것도 서로 용서하고 용서받을 수 있는 마음가짐으로 회향시켜서 악연을 스스로 풀도록 하는 것이지 대신 죄업을 속죄하고 없애주는 것은 아닙니다.

용서받을 자는 빌게 하고 용서할 자는 대승의 마음을 내어 용서하게 해서 자기 마음으로 지은 바를 자기 마음으로 풀도록 함으로써 모든 인연관계를 풀고 그로 인한 과보도 풀게 하는 것입니다.

대승의 목적이 아니라 개인적인 목적으로라도 아주 지극하게 기도하면 그 기도가 이루어지고 가피를 입는다고 하는데 그것은 어떻습니까?

그렇다고 하지만 그런 것은 모두 쉽게 이루어질 수는 없는 일입니다. 기도하는 사람들 중에서도 가장 지극한 사람이 가피를 받습니다. 자식 일곱이 있는데 일곱이 다 손을 벌리고 있으면 어떤 자식이 가장 지극하고, 절대적으로 도움을 필요로 하는가에 따라 그 자식에게 먼저 주듯이 그렇게 이루어집니다.

초자연적인 힘이 있습니까?
미신과의 차이가 무엇입니까?

초자연적인 힘이 있습니다. 불보살님께서는 천안통, 천이통, 신족통, 숙명통, 타심통, 누진통의 신통력을 가지고 있습니다. 그러므로 정말로 그 사람이 절실하게 필요로 하고 또 불보살님이 감응할 만큼 지극한 정성이 있으면 그 기도의 효험은 반드시 있습니다.

마치 동쪽에서 뜨는 해가 차별은 없지만 가장 높은 봉우리를 먼저 비추는 것과 같이 가장 지극한 마음으로 기도하는 이에게 먼저 가피가 있고 그 이를 먼저 구제하게 됩니다.

부처님의 여섯 가지 신통력을 우리는 축소하고 축소해서 지니고 있습니다.

그것이 눈으로 보고, 귀로 듣고, 코로 냄새맡고, 입으로 맛보고, 몸으로 촉감하고, 뜻으로 분별하는 여섯 가지입니다.

이 여섯 가지를 아무 한계 없이 쓸 수 있는 경지에 들어가면 즉 안팎 없는 참나를 깨달아 업을 다 닦아서 육신통을 이루면 지금 마음으로 히말라야를 생각하면 히말라야산이 마음에 들어와 있고, 나이아가라폭포를 생각하면 나이아가라폭포가 마음에 들어와 있듯 마음으로 생각하는 대로 이루어집니다.

그렇게 이 마음은 광대합니다.

소우주라고 하지만 소우주가 아니라 사실 우주도 그 마음 안에 있는 것입니다. 허공도 그 안에 있는 것입니다. 이런 말은 알아듣기가 어려워서 깨달은 이만이 알 수 있는 것이지만 누구나 그런 마음을 지닌 것만은 부인할 수 없는 사실 아닙니까.

누구나 그런 마음을 지녔다고 하는데, 그런 마음이라면 어떤 마음입니까?

마음은 모양 색깔이 없습니다. 이것은 누구도 부인할 수 없을 것입니다.

모양 색깔 없으니까 안팎이 있을 수 없고, 안팎이 있을 수 없으니까 무한할 수밖에 없습니다.

그렇기 때문에 그 마음으로 보면 히말라야산으로부터 나이아가라폭포까지 다 들어와 있습니다. 전체가 눈이기 때문에 다 들어와서 보고 있는 것입니다.

과거, 현재, 미래에 상관없이 거리에도 상관없이 보고자 하면 다 볼 수 있는 것을 천안통이라고 합니다. 천이통도 그렇습니다. 과거, 현재, 미래에 상관없이 거리에도 상관없이 듣고자 하면 다 들을 수 있는 것을 천이통이라고 합니다.

과거, 현재, 미래가 없이 알 수 있는 것을 숙명통이라고 합니다.

다른 사람의 마음이 돌아가는 것을 다 아는 것을 타심통이라고 합니다. 어떻게 그럴 수 있겠습니까?

마음은 모양 색깔이 없어서 따로 곳이 있을 수 없습니다. 따로 곳이 없이 상즉해 있습니다. 백 개의 전등이 한 방을 밝힐 때 서로가 가애함이 없이 어우러져 나뉨 없이 한 방을 비추는 것과 같습니다.

깨달아 실경에서 이런 이치를 알고 쓴다면 신통이요 능력이겠지만, 이런 이치를 모르고 쓴다든가 그것을 두려워하여 따로 믿고 신봉한다면 그것이 미신입니다.

사주팔자가 있습니까?

운명이 있다면 자신의 의지나 노력은 소용이 없는 것입니까?

사주팔자라고 하기보다는 전생으로부터 지은 바대로 이생을 받아 살고, 이생에 지은 바대로 내생을 받아 산다고 하는 말이 옳습니다.

내가 봄에 씨앗을 얼마나 뿌리고 여름에 농사를 얼마나 짓느냐에 따라 가을에 곡식이 수확됩니다.

가을에 곡식이 얼마나 수확되느냐에 따라 겨울에 먹고 사는 것이 결정됩니다.

이런 의미에서 사주를 말해야 옳은 것이지, '몇년 몇월 며칠 몇시에 태어났으니까 그것을 이렇게 저렇게 괘로 푸니까 이런 사주를 타고 났다, 저런 사주를 타고 났다.'라고 말해서는 안 됩니다.

그 사람이 전생에 어떻게 지었느냐에 따라 이생의 삶이 결정되는 것을 팔자라고 하면 팔자라고 할 것입니다. 그러나 어려운 삶에서도 전생의 삶을 항상 참회하여 마음으로, 행으로, 하심하고 베풀면, 전생의 업이 가벼워져 개선된 삶을 이룰 수도 있다고 했습니다.

그 말씀은 미래는 결정된 것이 아니라는 말씀입니까?

미래는 현재를 어떻게 사느냐에 따라 결정이 됩니다. 내생을 알려면 이생을 어떻게 사는가를 보면 안다는 말입니다.

가을에 창고에 곡식이 얼마나 들어오는가를 알려면 얼마나 좋은 곡식 씨앗을 두었는가, 봄에 씨앗은 제대로 뿌렸는가, 여름 삼복더위에 얼마나 잘 가꾸었는가를 보면 알 수 있는 것과 같습니다.

자기 의지와 노력에 따라 달라진다는 말씀입니까?

그렇습니다. 모든 것은 자작자수입니다. 내가 지어서 내가 받는 것입니다. 이것이 불교의 원리입니다.

세상은 왜 불공평합니까?

노력하지 않아도 잘 나가고 노력해도 안 되는 것은 왜 그렇습니까?

그것은 우리가 눈앞의 일만을 아주 짧은 지식, 짧은 안목으로 보니까 그렇습니다.

전생과 이생과 후생을 다 통해서 보면 불공평한 것이 아닙니다.

봄에 씨를 안 뿌리고 여름 삼복너위에 피땀 흘려 가꾸시 않고서 '남의 창고는 가득한데 왜 내 창고는 비어있습니까?' 하는 질문과 같습니다.

정말로 전생으로부터 제가 그렇게 지었기 때문에 제가 그렇게 받고 있는 것입니다.

그러니까 그것을 뉘우쳐서 이생에 노력해서 선행을 하고 덕을 쌓아야 합니다.

그러면 어쨌든 이생에는 노력해도 소용없겠네요?

아닙니다. 노력하면 나쁜 인연을 좋은 인연으로 바꿀 수 있습니다. 한 번, 두 번이 아니라 계속 끊임없이 핍박을 받아도 그것을 달게 받으면서 이해하고 좋은 마음으로 회향시켜 가면 상대방이 끝까지 나를 미워할 수 없고, 그래서 나중에는 도리어 나를 따르게 됩니다.

그렇게 모든 인연과 일을 풀어가라고 하는 것이 불법입니다.

신이 있다면 세상의 악을
왜 내버려둡니까?

어떤 신이 있어서 모든 인간의 삶을 좌지우지한다고 하면 올바른 종교가 아닙니다. 모든 것은 자기가 짓고 자기가 받는 것입니다.

순리가 있다면 왜 순리대로 되지 않습니까?

순리는 정확하게 순리대로 됩니다. 지금 당장 내가 착한 일을 했는데 왜 그 결과가 오지 않느냐고 하는데 그 결과를 당장에 받을 수 있는 일도 있고 나중에 받을 수 있는 일도 있습니다.

당장에 결과를 받을 수 있는 좋은 일을 해보십시오.

사람이 넘어졌는데 일으켜서 옷을 털어주면 '감사합니다' 하지 않을 사람이 없습니다. 당장에 받지 않습니까.

그러나 지금 조금 착하게 산다고 해서 '나는 착하게 사는데 내 삶은 왜 이런가.' 하는 것은 마치 곡식씨앗을 땅에 심으면서 '왜 이것이 내 창고의 곡식으로 안 들어옵니까?' 하는 것과 같습니다.

전생, 전전생으로부터 내려오면서 그만한 복과 덕과 선행을 심어놓지 않고 이생의 짧은 노력으로 당장 좋은 결과가 이루어지기를 바라는 것이기 때문입니다.

그렇다고 해서 '어차피 그렇다면' 하고 막 살라는 것이 아닙니다.

내년에 창고에 곡식이 가득하려면 봄에 씨앗을 많이 뿌려야 하듯이 지금 어려운 삶을 살면서도 늘 좋은 마음으로 선행을 하고 복과 덕을 심어가면 또 그렇게 좋은 결과가 옵니다.

그러면 어떻게 복과 덕을 심느냐.

돈이 있어야만 베풀고, 돈이 없다고 해서 베풀 수 없는 것이 아닙니다.

경사진 길을 무거운 리어카를 끌고 올라갈 때 뒤에서 밀어주고, 걸음을 잘 못 걷는 노인이 계단을 오를 때 팔을 부축해서 좀 거들어주고, 이런 것은 돈이 없어도 누구나 할 수 있는 것입니다. 이렇게 내가 할 수 있는 데에서 얼마든지 선행을 베풀 수 있습니다.

지금 아무리 어렵더라도 그렇게 해가면 좋은 결과가 옵니다. 복 받는 세월이 온다는 말입니다.

그런데 도와준다거나 잘해준다는 것이 동업을 짓고 인연을 맺어 거기 떨어지면 동타지옥(同墮地獄)하게 된다는데 그런 것은 어떻게 구분합니까?

그런 경우가 있을 수 있습니다. 가령 이웃집에서 부엌일 하는데 칼이 좀 필요하다고 빌려달라고 해서 착한 마음에서 빌려줬는데 그 사람이 실제로는 그 칼을 도둑질하는 데 썼다면 그런 경우에는 동업이 됩니다.

10의 3은 칼을 빌려준 사람이, 10의 7은 죄를 지은 사람이 그 보를 받게 되어 나는 좋은 뜻에서 빌려줬지만 동업으로 나도 그 보를 받게 됩니다. 그런 죄를 자신도 모르게 지을 수 있습니다. 그런 일은 앞을 다 내다볼 수 있는 사람이라야 면할 수 있습니다.

하지만 그렇게 죄를 짓는 일은 극히 드문 일입니다.

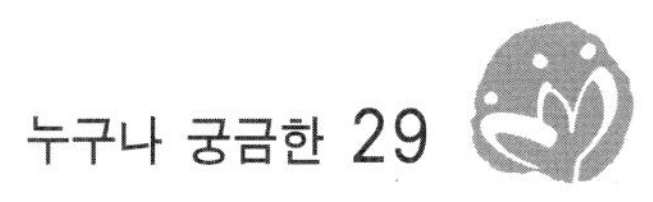

미래에 인간 복제가 가능하다는데,
나를 복제하면 어느 몸이 나입니까?

복제할 수 있습니다. 내 한 몸에서 채취해서 천 사람도 만들 수 있습니다. 그러나 그렇게 복제해 내놓을 때 모양은 같을지 몰라도 깃든 영혼은 다른 것입니다. 그 조건을 만들어놓으니까 깃들었을 뿐 자신과 같은 성품은 아닙니다.

그래서 나는 복제에 대한 논의가 없을 때부터 누차 사람까지 복제할 수 있다고 말해 왔습니다. 복제할 수는 있습니다. 자성이 가서 깃들 수 있는 조건을 만들어놓으면 깃듭니다.

남자에게 있어서 전신의 말초신경이 다 고환으로 통해 있습니다. 전신에서 오는 정수들이 고환으로 오는데 고환의 일정한 곳에 오기 전까지는 인간으로 태어날 영혼이 깃들어 있지 않습니다. 고환의 일정한 곳을 통과하면서 동시에 인간으로 태어날 영혼이 거기에 깃듭니다. 깃들 수 있는 조건이 마련되니까 깃드는 것입니다.

 수천만, 수억의 생명이 깃들어 가장 강한 인연이 착상(着床)하게 됩니다.

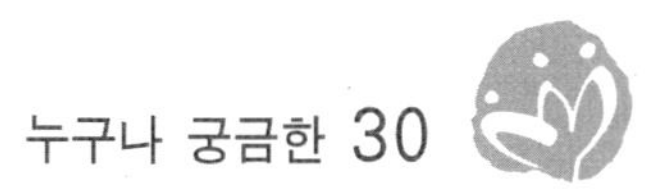

인간은 유물론의 주장처럼 물질로부터 비롯되었습니까, 창조론의 주장처럼 창조된 것입니까?

이 세상은 최초의 무명으로부터 비롯된 것입니다.

우리는 선정 중에 은빛이나 금빛, 투명한 가을하늘빛 등 여러 가지 광명을 볼 수가 있습니다. 이것은 자성의 전능한 능력이 발한 빛으로서 마치 보석이 발하는 일곱 가지 빛과도 같습니다.

보석이 인연을 만나 일곱 가지 빛을 발하나 보석의 일곱 가지 빛은 밖으로부터 온 것이 아닙니다. 돌에 아무리 빛을 비춘다 해도 돌이 일곱 가지 빛을 낼 수는 없으니 일곱 가지 빛은 보석이 지니고 있는 본유한 능력인 것입니다.

또한 보석이 빛을 발해서는 보석과 보석이 발한 빛을 나눌 수 없듯 자성과 자성이 본유한 능력으로 발한 빛 역시 그러합니다.

그러나 자성은 밖의 인연을 인하지 않고도 오직 스스로의 능력만으로 빛을 발할 수 있으니 보석과도 다릅니다.

이러한 자성의 본유한 능력의 빛은 보석의 빛이 그러하듯 밖에서 온 것이 아님이 분명하건만 따로 있는 것인 양 좋아하고, 즐기고, 탐하고, 취하려고 했습니다.

꿈도 내 마음이 발한 광명이어서, 엊저녁 꿈이 나와 나뉘어진 경계가 아닌데 꿈속에서는 분명한 경계로 여겼듯이 자성이 스스로 발한 광명을 밖의 경계로 여긴 것입니다.

이렇게 자성과 경계가 내면의 능소(能所)로 벌어져 나뉘어진 데서 취하려 하고, 취하려 하는 것이 점점 강해져서 극에 이르러 최후에 취하는 순간 상이 되어 자성이 거꾸로 그 상을 의지하게 되었습니다.

이때로부터 밖의 능소로 벌어져 그 상에 의지한 작용들이 업이 되고, 그 업에 의해 가지가지 현상이 생겨나고 욕계, 색계, 무색계 등 삼계(三界)가 벌어지게 되었습니다.

바로 알고 보면 자성 자체가 이렇게 불가사의합니다. 침 끝 하나 세울 수 없는 곳에 삼천대천세계를 전개한 것입니다.

마치 어젯밤 꿈세계가 침 끝 하나 설 수 없는 잠재의식 가운데 펼쳐진 것과도 같아서 밖으로 펼친 바도 아니요, 안에서 이루어진 바도 아닙니다.

펼친 바도 이룬 바도 없이 현존하는 이것이 '함이 없는 함의 세상'입니다.

우주는 어떻게 생겨난 것입니까?

유정은 물론 무정까지도 태초에는 화현으로 나타났습니다.

즉, 엊저녁 꿈에 모습을 나투듯이 그렇게 나투어진 것입니다. 생각을 전혀 일으키지 않는다고 해서 무정이라고 부르지만 완전한 무정은 없습니다.

심외무물(心外無物)이어서 마음 이외의 다른 물건이 없기 때문입니다.

자성이 무기(無記)를 익히다보니까 무기를 익힌 업에 의해 무정물로 화현한 것입니다.

그래서 우주를 이루는 여섯 가지 원소인 지(地), 수(水), 화(火), 풍(風), 공(空), 식(識)은 사람들이 알고 있는 형상화된 그것이 아닙니다.

형상을 이루는 근본이 되는 것이 이 여섯 원소입니다. 또한 이 근본원소는 다른 것이 아니라 형상 없는 자성의 능력입니다.

이 자성의 능력에 의해 모든 것이 형상화되었으므로 이를 일러 일체유심조라 합니다.

본래 형상이 없는데 어떻게 이루어졌을까요? 엊저녁 꿈의 물과 불을 생각해보십시오.

꿈속의 물과 불이 깨어보니 형상이 있었던 것입니까? 어젯밤 꿈속에 먹은 밥이 실재하는 것이었습니까?

그러나 어젯밤 꿈속에서 물과 불의 형상이 분명했고, 어젯밤 꿈속의 밥을 먹고 여러분은 분명 배부름을 느꼈지 않습니까.

지구종말론은 사실입니까?

　지구종말론 같은 말들을 일소시키기 위해 나는 1962년도부터 대체에너지 개발과 '울 안의 농법'을 이야기했습니다.

　미래에 지하자원이 고갈되어 자원전쟁이 일어날 것과 또한 매장된 지하자원을 함부로 빼서 쓰면 그로 인해 수압과 지압에 의한 지각변동이 생기고, 지각변동에 따른 자연재해가 일어나게 되리라는 것을 예견했기 때문입니다. 그래서 청와대에 에너지를 전환해야 된다는 글을 올리고 파력발전 할 것을 건의하고 무한원동기를 연구했습니다.

　파력발전을 건의한 것은 우리나라의 3면이 바다인데, 바다의 파도를 이용해 전력을 생산할 수 있는 원리를 발견했기 때문입니다. 하지만 당시에 이것은 받아들여지지 않았습니다. 나중에

유럽에서 세계최초의 파력발전소가 건립되었습니다.

무한원동기란 물이나 불이나 바람 등 그 어떤 에너지도 사용하지 않고 동력을 발생시키는 기계입니다. 이것 역시 당시에는 황당무계한 이야기로 치부되었지만 현재 일본에서 상당한 데까지 연구가 진행되고 있는 것으로 알고 있습니다.

이 사람의 이런 주장을 수용해준 이는 단 두 분, 당시 종정이셨던 하동산 스님과 총무원장이셨던 청담 스님뿐이었습니다. 그 외 종회에 있는 분들 중에는 이 사람을 종단의 재산을 말아먹을 놈이라고까지 걱정하는 분도 있었습니다.

2009년도에 발족시킨 '사막화방지 국제연대'도 지구의 재앙을 막기 위한 것입니다.

사막의 확장을 막는 동시에 사막을 잘 운용하여 지구촌을 살기 좋은 곳으로 만들겠다는 것이 '사막화방지 국제연대'를 출범시킨 취지입니다.

사막은 지구의 심장 역할을 하는 중요한 곳입니다. 사막의 열기를 조절함으로써 지구의 온난화를 막고 동, 서, 남, 북 원하는 지역에 비를 내리고 그치는 것을 마음대로 할 수 있습니다.

지구종말론에 대해서는 어떻게 생각하십니까?

우리가 지구를 어떻게 가꿔나가느냐에 따라 앞으로 지구가 생긴 이래 최고의 낙원으로 살 수도 있고 아니면 최악의 재앙에 직면할 수도 있습니다.

그러나 이 사람은 지금도 늦지 않았다고 생각합니다. 전 세계가 단결해서 사막을 과학적으로 공동운영하면 앞으로 전 지구촌이 정말로 잘 살 수 있다고 생각합니다. 이 일은 어느 한 사람, 한 국가가 할 수 있는 일이 아닙니다. 나라 형편 따라 배분하여 각국이 기금을 모아야 합니다.

또한 시멘트 문화와 포장문화가 발달해서 지구의 수분을 증발시키는 것을 막기 위해 모든 평야에 나무를 심어 울림을 만들어야 합니다.

그리고 각자 집에서 자기가 먹고 살 것을 기술적으로 생산해내는 '울 안의 농법'을 행해야 합니다. 그래야 청정곡식, 청정채소를 먹을 수 있습니다.

이렇게 사막을 운용하고, 에너지를 전환하며, 평야를 초원화해서 지구환경 문제를 대비하고, '울 안의 농법'으로 스스로 생산해서 스스로 먹고 살 수 있는 조건이 이루어지면 도리어 지구가 생긴 이래 최고의 낙원이 될 것입니다.

그러면 결국 지구종말론은 결정된 게 아니라는 말씀이네요.

그런 말을 하는 것이 진짜 사이비 종교입니다. 설사 사실이 그렇다 해도 그렇게 이야기해서 사람들에게 불안을 조성하면 안 됩니다.

그리고 이 사람이 말한 대로 하면 오히려 지구가 생긴 이래 그야말로 가장 복된 삶을 영위할 수 있는 낙원이 될 수 있습니다.

그렇게 될 수 있도록 노력해야지 종말은 무슨 종말입니까. 인류가 한 마음 한 뜻으로 21세기의 과학문명을 인류의 문제를 해결하는 데에 쓴다면 그러한 삶을 누릴 수 있습니다.

꼭 지구환경 문제가 아니더라도 혜성이 와서 부딪쳐서 지구가 멸망하는 그런 일도 생각할 수 있지 않습니까?

그런 것은 과학적으로 대비할 수 있습니다. 21세기, 22세기의 과학이 발달하면 어떤 시기에 어떤 별이 와서 부딪칠 것을 미리 알아 지구에 피해를 줄 만큼 다가오기 전에 폭파시켜 방어하는 기술도 얼마든지 개발할 수 있는 일입니다.

이 험난한 시대를 지혜롭게 사는 방법은 무엇입니까?

이 세상이 더불어 사는 세상이라는 것을 항상 잊지 말아야 합니다. 더불어 사는 세상이므로 종교를 떠나서라도 언제나 이해와 배려로써 살아가야 합니다.

이해와 배려는 참음이 없이는 있을 수 없습니다. 인내 속에서 이해와 배려로써 살아간다면 악연이 없어져 자연히 나쁜 기운에서 멀어지기 때문에 이 세상도 살 만한 세상이 됩니다.

21세기에
인류가 해야 할 일

21세기에 인류가 해야 할 일

　이 사람은 1962년 26세 때부터 21세기에 인류에게 닥칠 공해문제, 에너지문제를 예견하고 대체에너지(무한원동기, 태양력, 파력, 풍력 등) 개발과 '울 안의 농법'을 연구하고 그 필요성을 많은 이들에게 이야기해 왔습니다.

　당시에는 너무 시대를 앞서가는 이야기여서인지 일반인들이 수용하지 못하고 오히려 불신의 눈으로 바라보며 이 사람의 법마저 의심하였습니다. 하지만 현대에 있어서는 이것이 인류가 해결해야 할 가장 절박한 사안이 되어 있습니다.

　'사막화방지국제연대(IUPD)'[2]를 설립한 것도 현재 인류가 해결해야 할 가장 절박한 지구환경문제를 이슈화시키고 그 해결책을 제시하여 재앙에 직면한 지구촌을 살리기 위해서입니다.

　'사막화방지국제연대'에서 추진하고 있는 사막화 방지, 지구

---

2) International Union to Prevent Desertification (IUPD).

초원화, 대체에너지 개발은 온 인류가 발 벗고 나서서 해야 할 일입니다.

첫 번째 사막화 방지에 있어서 기존에 해왔던 '나무심기 사업'은 천문학적인 예산과 많은 인력을 동원하고도 극도로 황폐한 사막화된 환경을 되살리는 데 실패하였습니다.

그래서 이 사람은 사막화 방지에 있어서는 '사막 해수로 사업'을 새로운 방안으로 제시하였습니다.

사막 해수로 사업은 사막화된 지역에 수도관을 매설하여 바닷물을 끌어들여서 염분에 강한 식물을 중심으로 자연생태계를 복원하는 사업입니다.

이것은 나무심기 사업으로 심은 나무들이 절대적으로 물이 부족하여 생존할 수 없었던 문제를 해결할 수 있는, 현재로서는 유일한 해결책입니다.

그러나 '사막화방지국제연대'의 목적은 사막이 확장되는 것을 방지하자는 것이지 사막 전체를 완전히 없애자는 것은 아닙니다. 인체에서 심장이 모든 피를 전신의 구석구석까지 골고루 보내어 살아서 활동하게 하듯이 사막은 오히려 지구의 심장 역할을 하는 중요한 곳이기 때문입니다.

그래서 21세기에 있어서는 다만 사막의 확장을 방지할 뿐 아니라 사막을 어떻게 운용하느냐를 연구해야 합니다.

사막에 바둑판처럼 사방이 막힌 플륨관 수로를 설치하여 동,

서, 남, 북 어느 방향의 수로를 얼마만큼 채우느냐 비우느냐에 따라, 사막으로부터 사방 어느 방향으로든 거리까지 조절하여, 원하는 지역에 비를 내리게 하고 그치게 할 수 있습니다. 철저히 과학적인 데이터에 의해 이렇게 사막을 운용함으로써 21세기의 지구를 풍요로운 낙원시대로 만들어가야 합니다.

두 번째로 지구를 초원화할 수 있는 방안으로서 3년간의 실험을 통해, 광활한 황무지 지역을 큰 비용을 들이거나 많은 인력을 동원하지 않고도 짧은 시간 내에 초지로 바꿀 수 있는 식물을 찾아냈습니다.

그것은 바로 '돌나물'입니다. 돌나물은 따로 종자를 심을 필요가 없이 헬리콥터나 비행기로 살포해도 생존, 번식할 수 있으며, 추위와 더위, 황폐한 땅에서도 살아남을 수 있는 생명력과 번식력이 강한 식물입니다.

지구환경을 되살리는 초지조성 사업에 있어서 이것이 큰 도움이 되리라 생각합니다.

세 번째의 대체에너지 개발에 있어서는 태양력, 파력, 풍력 등 1962년도부터 이 사람이 연구하고 얘기해왔던 방법들이 이미 많이 개발되어 실용화한 단계에 있습니다.

이 세 가지 일은 한 개인이나 한 국가가 할 수 있는 일이 아닙니다. 모든 국가가 앞장서서 전세계적인 사업으로 이루어져야 합니다. 모든 국가가 함께 한 기금조성이 이루어져야 하고 기금조성에 참여한 국가는 이 시스템에 의한 전면적인 혜택을 입을 수 있도록 해야 합니다.

인류 모두가 지혜를 모아 이 일에 전력을 다한다면 인류는 유사 이래 가장 좋은 시절을 맞이하게 될 것이며, 만약 이 일을 남의 일인 양 외면한다면 극한의 재앙을 면할 수 없을 것입니다.

이 사람이 오래 전부터 얘기해왔던 '울 안의 농법'은 이미 미국 라스베이거스(Las Vegas)에서 30층짜리 '고층 빌딩 농장'으로 구현되었습니다. 그렇게 크게도 운영될 수 있지만 각자 자신의 집에서 이루어지는 '울 안의 농법'도 필요합니다.

21세기에 있어서 또 하나 인류가 만일의 사태를 대비해서 연구, 추진해야 될 일이 있다면 바닷속에서의 수중생활, 수중경작입니다.

지구가 심하게 온난화될 경우, 공기가 너무 많이 오염될 경우, 바닷물이 높아져 살 땅이 좁아질 경우 등에 대비할 때, 인류는 우주에서의 삶보다는 바닷속에서의 삶을 준비해야 합니다. 왜냐하면 그것이 훨씬 수월하고 비용도 절감할 수 있기 때문입니다.

이렇게 깨달은 이는 이변적으로는 깨달음을 얻게 하여 영생불멸의 삶을 영위할 수 있도록 만인을 이끌어야 하며 사변적으로는 일반인이 예측할 수 없는 백 년, 천 년 앞을 내다보아 이를

미리 앞서 대비하도록 만인의 삶을 이끌어줘야 한다고 생각합
니다.

 불법의 뜻은 다만 진리 전수에만 있는 것이 아니니, 만인이 서
로 함께 영원한 극락을 누릴 때까지 물심양면으로, 이사일여로
베풀어 교화해야 하기 때문입니다.

대원 문재현
전법선사님 인가 내력

대원 문재현 전법선사님 인가 내력

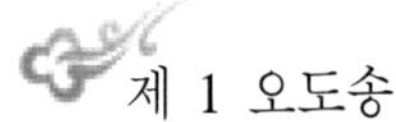
제 1 오도송

이 몸을 끄는 놈 이 무슨 물건인가?
골똘히 생각한 지 서너 해 되던 때에
쉬이하고 불어온 솔바람 한 소리에
홀연히 대장부의 큰 일을 마치었네

무엇이 하늘이고 무엇이 땅이런가
이 몸이 청정하여 이러-히 가없어라
안팎 중간 없는 데서 이러-히 응하니
취하고 버림이란 애당초 없다네

하루 온종일 시간이 다하도록

헤아리고 분별한 그 모든 생각들이
옛 부처 나기 전의 오묘한 소식임을
듣고서 의심 않고 믿을 이 누구인가!

此身運轉是何物
疑端汨沒三夏來
松頭吹風其一聲
忽然大事一時了

何謂靑天何謂地
當體淸淨無邊外
無內外中應如是
小分取捨全然無

一日於十有二時
悉皆思量之分別
古佛未生前消息
聞者卽信不疑誰

대원 문재현 선사님의 스승이신 불조정맥 제77조 조계종(曹溪
宗) 전강(田岡) 대선사님께서 1962년 대구 동화사의 조실로 계실 당시 대원 문재현 선사님께서도 동화사에 함께 머무르고 계셨다.

　하루는, 전강 대선사님께서 대원 선사님의 3연으로 되어 있는 제1오도송을 들어 깨달은 바는 분명하나 대개 오도송은 짧게 짓는다고 말씀하셨다. 이에 대원 선사님께서는 제1오도송을 읊은 뒤, 도솔암을 떠나 김제들을 지나다가 석양의 해와 달을 보고 문득 읊었던 제2오도송을 일러드렸다.

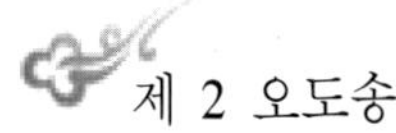

제 2 오도송

해는 서산 달은 동산 덩실하게 얹혀 있고
김제의 평야에는 가을빛이 가득하네
대천이란 이름자도 서지를 못하는데
석양의 마을길엔 사람들 오고 가네

日月兩嶺載同模
金提平野滿秋色
不立大千之名字
夕陽道路人去來

제2오도송을 들으신 전강 대선사님께서는 이에 그치지 않고 그와 같은 경지를 담은 게송을 이 자리에서 즉시 한 수 지어볼 수 있겠냐고 하셨다. 대원 선사님께서는 곧바로 다음과 같이 읊으셨다.

바위 위에는 솔바람이 있고
산 아래에는 황조가 날도다
대천도 흔적조차 없는데
달밤에 원숭이가 어지러이 우는구나

岩上在松風
山下飛黃鳥
大千無痕迹
月夜亂猿啼

전강 대선사님께서는 위 송의 앞의 두 구를 들으실 때만 해도 지그시 눈을 감고 계시다가 뒤의 두 구를 마저 채우자 문득 눈을 뜨고 기뻐하는 빛이 역력하셨다.

그러나 전강 대선사님께서는 여기에서도 그치지 않고 다시 한 번 물으셨다.

"대중들이 자네를 산으로 불러내고 그 중에 법성(향곡 스님 법

제자인 진제 스님. 나중에 법원으로 개명)이 달마불식(達磨不識) 도리를 일러보라 했을 때 '드러났다'고 답했다는데, 만약에 자네가 당시의 양무제였다면 '모르오'라고 이르고 있는 달마 대사에게 어떻게 했겠는가?"

대원 선사님께서 답하셨다.

"제가 양무제였다면 '성인이라 함도 서지 못하나 이러-히 짐의 덕화와 함께 어우러짐이 더욱 좋지 않겠습니까?' 하며 달마 대사의 손을 잡아 일으켰을 것입니다."

전강 대선사님께서 탄복하며 말씀하셨다.

"어느새 그 경지에 이르렀는가?"

"이르렀다곤들 어찌 하며, 갖추었다곤들 어찌 하며, 본래라곤들 어찌 하리까? 오직 이러-할 뿐인데 말입니다."

대원 선사님께서 연이어 말씀하시자 전강 대선사님께서 이에 환희하시니 두 분이 어우러진 자리가 백아가 종자기를 만난 듯, 고수명창 어울리듯 화기애애하셨다.

달마불식 공안에 대한 위의 문답은 내력이 있는 것이다. 전강 대선사님께서 대원 선사님을 부르기 며칠 전에, 저녁 입선 시간 중에 노장님 몇 분만이 자리에 앉아있을 뿐 자리가 텅텅 비어 있었다고 한다.

대원 선사님께서 이상히 여기고 있던 중, 밖에서 한 젊은 수좌가 대원 선사님을 불렀다. 그 수좌의 말이 스님들이 모두 윗산에 모여 기다리고 있으니 가자고 하기에 무슨 일인가 하고 따라가셨다.

그러자 그 자리에 있던 법성 스님이 보자마자 달마불식 법문을 들고 이르라고 하기에 지체없이 답하셨다.

"드러났다."

곁에 계시던 송암 스님께서 또 안수정등 법문을 들고 물으셨다.

"여기서 어떻게 살아나겠소?"

대뜸 큰소리로 이르셨다.

"안·수·정·등."

이에 좌우에 모인 스님들이 함구무언(緘口無言)인지라 대원 선사님께서는 먼저 그 자리를 떠나 내려와 버리셨다.

그 다음날 입승인 명허 스님께서 아침 공양이 끝난 자리에서 지난 밤 입선시간 중에 무단으로 자리를 비운 까닭을 묻는 대중공사를 붙여 산중에서 있었던 일들이 낱낱이 드러나고 말았다. 그리하여 입선시간 중에 자리를 비운 스님들은 가사 장삼을 수하고 조실인 전강 대선사님께 참회의 절을 했던 일이 있었다.

전강 대선사님께서는 이때에 대원 선사님께서 달마불식 도리에 대해 일렀던 경지를 점검하셨던 것이다.

이런 철저한 검증의 자리가 있었던 다음 날, 전강 대선사님께

서 부르시기에 대원 선사님께서 가보니 주지인 월산(月山) 스님
께서 모든 것이 약조된 데에서 입회해 계셨으며 전강 대선사님
께서는 곧바로 다음과 같이 전법게(傳法偈)를 전해주셨다.

 전 법 게

부처와 조사도 일찍이 전한 것이 아니거늘
나 또한 어찌 받았다 하며 준다 할 것인가
이 법이 2천년대에 이르러서
널리 천하 사람을 제도하리라

佛祖未曾傳
我亦何受授
此法二千年
廣度天下人

덧붙여 이 일은 월산 스님이 증인이며 2000년까지 세 사람 모
두 절대 다른 사람이 알게 하거나 눈에 띄게 하지 않아야 한다
고 당부하셨다.
  만약 그러지 않을 시에는 대원 선사님께서 법을 펴나가는 데

장애가 있을 것이라고 예언하셨다. 또한 각별히 신변을 조심하라 하시고 월산 스님에게 명령해 대원 선사님을 동화사의 포교당인 보현사에 내려가 교화에 힘쓰게 하셨다.

대원 선사님께서 보현사로 떠나는 날, 전강 대선사님께서는 미리 적어두셨던 부송(付頌)을 주셨으니 다음과 같다.

 부 송

어상을 내리지 않고 이러-히 대한다 함이여
뒷날 돌아이가 구멍 없는 피리를 불리니
이로부터 불법이 천하에 가득하리라

不下御床對如是
後日石兒吹無孔
自此佛法滿天下

위의 송의 '어상을 내리지 않고 이러-히 대한다 함이여'라는 첫째 줄 역시 내력이 있는 구절이다.

전에 대원 선사님께서 전강 대선사님을 군산 은적사에서 모시고 계실 당시 마당에서 홀연히 마주쳤을 때 다음과 같은 문답이 있었다.

전강 대선사님께서 물으셨다.

"공적(空寂)의 영지(靈知)를 이르게."

대원 선사님께서 대답하셨다.

"이러-히 스님과 대담(對談)합니다."

"영지의 공적을 이르게."

"스님과의 대담에 이러-합니다."

"어떤 것이 이러-히 대담하는 경지인가?"

"명왕(明王)은 어상(御床)을 내리지 않고 천하 일에 밝습니다."

위와 같은 문답 중에 대원 선사님께서 답하신 경지를 부송의
첫째 줄에 담으신 것이다.

전강 대선사님께서 대원 선사님을 인가(印可)하신 과정을 볼
때 한 번, 두 번, 세 번을 확인하여 철저히 점검하신 명안종사
의 안목에 탄복하지 않을 수 없으며 이에 끝까지 1초의 머뭇거
림도 없이 명철하셨던 대원 선사님께 찬탄하지 않을 수 없다.

그리하여 법열로 어우러진 두 분의 자리가 재현된 듯 함께 환
희용약하지 않을 수 없다.

이제 전강 대선사님과 약속한 2천년대를 맞이하였으므로 여기
에 전법게를 밝힌다.

이로써 경허, 만공, 전강 대선사님으로 내려온 근대 대선지식의 정법의 횃불이 이 시대에 이어져 전강 대선사님의 예언대로 불법이 천하에 가득할 것이다.

Baroboin Buddhism ㊱

33 Questions

Written by Zen Master DaeWon Moon JaeHyeon

Moonzen Press is affiliated with Jeongmaek Zen Center.

Baroboin Buddhism ㊱
33 Questions

Published (1st edition) on November 10th BE 3042, AD 2015

Written by **Zen Master DaeWon Moon JaeHyeon**
Published by Moonzen Press

Edited by JinSeong Yun JuYoung
Produced by DoMyeong Jeong HaengTae, JinWoon Yeo JeongHa
English translated by WonGwang Eryn Michael Reager
Chinese translated by CheonMyeong Hong JunBiao
Cover Art by Hyeon Jeong
Printed by Garam Co.

Moonzen Press – www.moonzenpress.com
Jeongmaek Zen Center – www.zenparadise.com
International Union to Prevent Desertification(IUPD) – www.iupd.org

Contents

Preface 124

1. Where did we come from? Where are we going? 127
2. Does an immortal soul exist? 136
3. Why were we born? Why do we live? 140
4. Who am I? 144
5. It is said that "Human life is suffering." Where does suffering begin? 147
6. Is the Law of Cause and Effect real? 150
7. Is there such a thing as past or future life? 154
8. After we die our body returns to dust. Is this the end? 156
9. Do heaven and hell exist? 159
10. What happens to all of our karma after we die? 161
11. What is the Mind? 163
12. Mind has no form, but why is it so tied up with the body? 165
13. How can we deal with the gap between our emotion and reason? 168
14. How can we control our grasping, angry and foolish mind so we can be at peace? 171
15. How can we untangle difficult karma? 173

16. Is there something eternal?   177

17. Does god exist? If so, what kind of being is it?   179

18. Is religion necessary for humans?   183

19. Is there religion or ideology after one dies?   185

20. Why does sectarian strife occur even in the same religion?   188

21. What is the difference between a religious fanatic and a devout believer?   191

22. What would be the right way to the Truth?   193

23. Christianity speaks about believing in God; if you believe in him you will go to heaven when you die.   196

24. Some religions teach that as long as you have faith, then you will go to heaven or paradise, is this true?   203

25. Are there such things as supernatural powers? How are they different from superstition?   210

26. If my life is determined by fate then what is the use of my will to endeavor?   214

27. Why is life so unfair?   217

28. If there is a God why is there evil in the world?   219

29. It is said that human cloning will become possible in the future. If my body is cloned, which one of the two will be the real me?   223

30. Did humans evolve according to the Theory of Evolution or did they just appear according to the Theory of Creation?   225

31. How did the universe form?   229

32. Is the end of the world coming?   231

33. Is there a way to live in this ever changing world with wisdom?   235

* Appendix 1 – Vision of the 21st Century: Things We Must Do Differently   237

* Appendix 2 - Dharma Transmission to the 78th Patriarch, the
               JeonBeop Zen Master DaeWon 243
* Appendix 3 - Dharma Lineage of the Buddha and Patriarchs 361
* Appendix 4 - Songs of Devotion 367
* Translation Series by Moonzen Press 389

Preface

Since the beginning of the 21st century we have been faced with several severe environmental disasters.

Everyday we hear the news about disasters: problems like earthquakes, tidal waves, hurricanes, tornados, oil spills, nuclear radiation leakage and global warming.

Are these times going to pass, like the cloudy sky clearing after a big rainstorm? Or is the future only going to get more grim as time passes? The more uncertain the times, the more we need to cooperate as a global community to grow our wisdom and organize our talents to handle crisis. To do such things correctly, a fundamental adjustment is needed in our Mind.

Society, government, economics and the environment

all have roots in people's behaviors and perceptions. In other words, the roots we are looking for are all found within Mind. In order to deal with this, we must first learn about ourselves and enlighten to our Original Nature.

In the 21st century we will begin to see the decline of superstition and irrational beliefs that have no basis in science.

This book is written to address many of the questions that people may have about life, death, religion and truth.

I believe that a person who is enlightened should teach people the fundamental principles which will allow all people to awaken to peace and truth so that they may experience enlightenment themselves and go beyond the shackles of samsara.

Their role is also to provide practical means in which people can live healthy and in harmony with nature. That is why I continually emphasize the importance of dealing with problems like climate change and desertification. I believe that our organization, the IUPD (International Union to Prevent Desertification) can provide answers that will be able to help the Earth deal with some of these problems.

So if we can consider the fundamental principle and the practical aspect of Buddhism as two wheels of a cart, then we can continue to take steps forward. We can avoid a hopeless ending and instead welcome a world that is, in all respects, the best that can be.

I hope the principles that I discuss in this book can help people take their first step on the road to enlightenment as well as raise awareness regarding the approaching environmental crisis.

BE 3039
AD 2012

Offering incense to the Buddha
DaeWon Moon JaeHyeon

Where did we come from? Where are we going?

Neither did we come from anywhere, nor are we going to any place. In other words, there is neither any coming nor going.

From the great Korean ancient book *Cheonbugyeong (Signs of the Fundamental Truth)*, there is the phrase, "Everything begins in the One, but the One has no beginning; everything ends in the One, but the One has no end."

First of all, we must understand what the 'One' is.

Only then you will be able to live a life that has neither beginning nor end; one that neither came from anywhere nor is going anywhere.

But since people don't know this 'One', they are reduced to asking the question; "Where did I come from? Where am I going?"

So we can describe normal people's lives like this: every minute we live the closer we are to dying, and though we are always struggling to get things done, the harder we try to live the faster we die.

Even though we are all headed towards death many people just pass the time away like cows waiting to be taken to the slaughterhouse.

There is a Gatha as follows:

When I was born, from where did I come?
When I die, to where shall I go?
Birth is a cloud forming in the sky,
Death is that cloud being blown away.

Originally floating cloud has no form,
So it is the same with birth and death.
This One thing is always revealed,
Boundless just like this, it does not follow birth and
death.

It says, "Birth and death is like a floating cloud." and "Since this One Thing is always revealed and boundless just like this, it does not follow birth and death."
This One Thing is what has been referred to, by the book *Signs of the Fundamental Truth,* as 'the One', 'the One Thing', 'the boundless One', and 'just like this', this is the fundamental substance of our Mind.
The fundamental substance means that it exists regardless of birth or death. So even though people ask, "Where did we come from? To where do we go?" in actuality there is really neither coming nor going.

Nevertheless it appears as if there is coming and going. We are born and we die, everything seems to come into existence and then it disappears.

But everything really is a reflection of Mind. It can be likened to the colors of a diamond. The diamond illuminates all different colors when it meets certain conditions. When the conditions disappear the colors disappear also, but the colors have not gone anywhere; they are intrinsic to the diamond. The colors do not come from the outside.

So when we see these colors, it is because of the unique characteristic of the diamond. In this way, the illumination is a characteristic of the diamond. When you see the illumination, nothing has formed in the diamond. When the illumination is gone, nothing has left the diamond.

Let's apply this example of a diamond to our Mind. Our fundamental Nature manifests into certain forms under certain circumstances. This is because it has original ability to do so. These countless abilities are intrinsic to Mind.

When we say that we come from somewhere or go somewhere this is not coming nor going. In reality, fundamental being is motionless.

So why do we suffer with birth and death?

The reason why we fall into the realm of sentient beings and suffer in the ocean of life and death is that we are searching for something. We don't realize that we are chasing after the light manifesting from our True Selves. We believe that these intrinsic abilities are separate from ourselves.

When you enter into samadhi you may sometimes see golden or silver illumination. And sometimes you will see the color of a clear autumn sky.

All these are from our omnipotent Mind.

Unlike the diamond we were talking about, which requires light from the outside in order to illuminate, our Mind doesn't need anything from the outside. Mind illuminates and all things manifest from the illumination.

However, we believe that the illumination is something separate from Mind. So we become like it, want it and try to take it.

It may be easier to think of our dreams. Dreams are also the illumination of Mind. While you are dreaming it seems that you are separate from the things you are dreaming about. It seems that you can walk around, see and experience things from the outside, but in fact this is all happening inside your Mind. It is all a dream.

All that which seems to be phenomena is simply from our Mind. We all know this is the case for our dreams, but we need to understand this is true for 'reality' also.

So subject and object are defined in Mind. Since object is something separate, the desire to take it builds. Desire gets stronger and at the very moment it reaches this object, this object takes form. Now ironically Mind depends on this newly emerged form.

Furthermore it spreads out, all the actions derived from the form become your karma. From here, all the phenomenon sprout, like the three realms of desire, of form, and of non-form and the six paths: heaven, humans, demons, animals, hungry ghosts and hell.

People can dream only because there is the ability to dream in their Mind. Similarly all of that mentioned above can appear only because Mind has the ability to do so.

Why were we born human?

People say human life bears suffering and constraint but it is still better than the life of demons, animals, hungry ghosts or denizens of hell.

Some became humans because they used up all their blissful karma in heaven, others came up to the realm of humans after paying back all of their debts in previous lives.

For example, once you fall into the realm of animals, since the more aggressive and stronger survives there, there is little chance to make merit to be reborn into better lives. One will continue to be reborn into lower and lower forms until eventually you will be reborn as a larva. Just eating leaves, larva can't commit sin or wrongdoing. Most of time larva will be eaten by a bird or other insect.

In this way, countless lives will repay all the previous bad karma until they are then finally reborn into human realm.

Humans can only be reborn human again if their good karma is greater, or at least similar to their bad karma. Somebody who did more wrongdoings than good deeds would fall into the realm of animals, or worse, into the realm of hungry ghosts or hell.

This is called reaping what you've sown.

Depending on the kind of life that you lived and what you did in it, you will rise or fall. If you created much merit you will be reborn in heaven, if you committed many wrongdoings you will be reborn into the realm of animals or other lower realms. Your next life only depends on you. You can go to heaven, become a human or go to any of the other four realms.

Accordingly we are reborn human in this life as a result of the karma of previous lives.

Does an immortal soul exist?

Hasn't everyone here had a dream? If you have had
a dream before, you should perfectly know the answer.

While you are dreaming in your room, your body is
lying still and sleeping. Who is doing all of the activities
in your dream? Who is moving and experiencing all the
events in your dream?

Isn't it something besides the body?

Some people may say this is just merely the activity
of the physical brain.

Of course, since we have a brain there is this activity. This is because we have received a human body and it is through the brain of our body that we express the abilities of Mind. Buddha Nature expresses its abilities by manifesting itself through all different species and forms, as a sentient or non-sentient being. However Mind or Buddha Nature is not limited by these physical expressions.

Let me use a dream as an example and I would like you to think about some things. In your dream you may become a dog or a bird.

But in order to fly like a bird, wouldn't one must be able to think like a bird, or know things that only a bird knows?

In order to run quickly like a dog, mustn't you be able to think like a dog or know what a dog knows?

How did you know how to fly like a bird or run like a dog in your dream?

Did you have the brain of a bird or a dog? Or not, did you have the brain of a human?

There is something that moves this body. It allows us to fly like a bird or run like a dog when we are dreaming. The world of dreams is created by your Mind and I would like you to think about this Mind.

Each Mind makes individual karma but it is because of similar karma that each of us has received a human body and lives in a shared karmic sphere where we communicate through the brain. The brain is only a tool in which Mind can express it's abilities, it is not the master.

From this perspective, human cloning will be possible in the future.

Once the proper conditions are prepared in some place, Mind – Buddha Nature – will abide at that place following its karmic affinity.

If the conditions of a human or something with even more power and ability, are in place then Buddha Nature will abide there. That will become a new born human being.

Have you walked, stopped or laid down because your

body asked you do so?

Before your body acts, it is because your Mind wants to do so first.

It is like your shadow. The shadow can't move itself, it can only follow you.

Therefore, regardless of whether it is the body or the brain of a dog, a bird or a human, there is something that moves them. That is our Mind or our soul. This is the fundamental mover.

So, the answer to the question, whether there is a soul or not, is clear.

Why were we born? Why do we live?

All of us are born by karmic affinity, no one is just born. Not to mention being born a human, why were we not born anywhere else? Why were we born here in Korea?

Since we have a karmic affinity with our fellow Koreans, we are born in Korea.

So we are born in Korea because of affinity with Koreans, but how successful and happy we are depends on how much good or bad karma that we have. If there is not enough good karma nothing we do works out well, and we are always unhappy.

The Law of Cause and Effect is strict and inescapable. The seeds we sow invariably become the fruits which we will reap.

Misfortune reaps misfortune; sown merit reaps merit. Maybe it was to pay back a life, maybe to pay back a debt, and maybe it is to receive merit that you made in the past that you were born here in Korea.

Then are we only living to pay back our past debts?

We were not born simply because we wanted to be born and we don't die just because we want to die. Our lives follow our karma. Karma precedes our birth and death. The wrongdoings that we've sown in the past follows us and we reap that suffering. The merit that we've made in the past comes back to make us happy in this life.

So if you want to know how you lived in previous lives, look at what you receive in this life. If you want to know what you will receive in your next life, look at how you are living now.

So then there is no ultimate purpose in life?

Each one of us has our own karma in this world. We each live our lives individually reaping the karma we sowed. We receive the fruits of both good and bad karma according to our individual works. But what we all have in common is the task of recovering our Original Mind.

Original Mind transcends right and wrong, it is absolute existence free from pleasure and suffering. It is beyond life and death.

But from the very first, we created karma of the original ignorance and so there was birth, old age, sickness and death.

So we must enlighten our own Mind and recover the inherent substance of eternal life that is free from suffering, restraints and death.

Restoring this fundamental Nature should be the ultimate purpose in life, yet most people are just caught up in their karma, they forget it as they live their busy life.

In this respect everyone needs to be very alert.

People long for bliss and emancipation struggling to free themselves from the chains of suffering, they wish for eternal life fearing death.

Yet they don't consider why they are living this life, they don't try to find out how to transcend samsara; the endless cycle of life and death.

Only through enlightening to Original Nature will we ever find our eternal paradise, our eternal freedom.

Who am I?

Your form is that of a human being. The seeds which you have planted have led you to be born in this human realm. Your repeated behavior becomes your karma and this is why you have the body that you do.

It is said that our life is like a cloud that forms and disperses. It is like the light which glimmers off of a jewel and then disappears. Fundamentally what is this?

It doesn't have any form and it doesn't have any color. It cannot be described so it cannot suffer or be constrained any way. It is free and eternal.

Is it possible that such a thing exists? Can you prove it?

Just because you cannot see it with your eyes or grasp it with your hands does not mean that it does not exist.

Look towards the sky. It is empty and formless, you cannot grab ahold of the sky and if you look at it you cannot see anything. You can only see clear, empty space. Even though you cannot touch it or see it, this does not mean that it doesn't exist. Without this empty space nothing could exist.

Whether it is the sun, our solar system, a galaxy or even thousands of galaxies the only difference between them is how long they will exist. Some will disappear sooner, some later but in the end all of them will cease to exist.

On the other hand this open space, this void we were just talking about, is eternal. Material objects may fill up this void, they may come and they may go, but the void will remain unchanged. It is eternal because it has no form.

Mind is the formless eternal. This is because Mind is an existence which transcends material form.

It is said that "Human life is suffering." Where does suffering begin?

Yes, life is suffering. One cannot say that it is constant suffering, but generally it has more suffering than pleasure.

When we say that "Human life is suffering," it means that since the merit that we made in our previous lives are not sufficient to let us be born into the realm of heaven which is free from the troubles of this earth.

As to the question of where this suffering comes from, it is because of the seeds you have sown in the past that you presently reap the fruits of suffering.

In other words the bad karma that we accumulate, if it is greater than the good, will result in suffering. This will result in things not going as we would like.

If everything goes according to one's wishes, then that's not suffering. It is called suffering because things do not go as we would like.

Failures or efforts that just fail to succeed are all the result of bad habits and proclivities. This is merely retribution of your past karma. This is an example of reaping what you have sown.

Therefore if you cultivate virtue and consider others as yourself you will have a happy life.

Even if we do this though, won't we still have the suffering of birth, old age, sickness and death?

That's right. Only through enlightening to True Self can we solve that problem. This is what Buddhism teaches.

It will lead you to a great freedom that transcends all suffering, constraints and even death.

Is the Law of Cause and Effect real?

Try to think about farming. If you fill up the pantry with food from the autumn harvest then you will be comfortable all through the winter. Seeds are planted in the spring, they grow in the summer and are harvested in the fall. This harvest then is stored and lasts through the winter. The Law of Cause and Effect is the same.

The reason for excessive suffering is because of lack of merit and virtue, made in previous lives.

What if some people didn't plant crops in the spring

and only thought about the food they had saved up in the pantry? Instead of working, what if they were lazy, playing around or doing unproductive things? Wouldn't they starve to death?

People often wonder why good people have to suffer while bad people may succeed in enjoying their lives.

The results of the virtue that a good person makes will be enjoyed in the undetermined future. Even though bad people may seem to succeed in their evil plans and do not seem to immediately reap the fruit of their evil, this does not mean there is no retribution. Our short lives pass like the dew on a blade of grass, and the results of wrongdoings will be seen in the future tenfold.

What goes around must come around.

If you don't bother anyone there is no reason for that person to bother you. If they do bother you it's because of karma from a previous life in which you simply cannot remember.

Isn't this fatalism? Then if I'm being harmed by someone, do I have to rationalize as this 'just my karma'? And what should I do with this person, should I just let them harm me?

The Law of Karma is different from a belief in fatalism. On the contrary, it is because of this reason that we must resolve our bad karma and need religion.

Regardless of how badly someone treats you, you should understand and lead them to the right way by responding appropriately.

Only when you try to repair this relationship and turn bad karma into good karma, will you be able to ensure a happy and bright future.

Isn't it too unfair? If someone treats me badly, it's natural to want revenge.

Consequently, because of that, the cycle of bad karma repeats endlessly.

When you take your revenge on someone, your enemy then feels angry and want revenge on you. The hatred and bad feelings continue to grow, you will meet again later and the next time when you meet, the cycle will only get worse.

The only way to end this vicious cycle is forgiveness, and this is the role of religion.

When you meet up with injustice brought about by previous karma you must wisely untangle the knot of the bad karma and make it good karma. This is the only way to ensure that the next time you meet, whether in this life or the next, you will have peace.

Is there such a thing as past or future life?

Of course there is. Without a yesterday there can be no today. If there is a today then certainly a tomorrow must follow.

A past life doesn't necessarily refer to the life before this body was born, and what is called a future life doesn't simply define the body that you will receive after you die.

Even in this body yesterday is the past, it is a past life. Anytime after now is the future, it is a future life.

The only difference is how far, or close you are looking in time. The principle is the same. Every moment we live, there is still the past, present, and future.

If you can exist in a place free from time you will be a True Being who lives in the eternal present. This is a life which has completely recovered its Original Nature through enlightenment.

After we die our body returns to dust. Is this the end?

If there is a now, there is certainly going to be a next. Without a now there cannot be a next and if there is no next then that means there is not a now.

Just as all causes have their effects, if there is a you now, then there will be a you in the future also.

There was a you of yesterday, that is why you are here today. Is there anybody here today but yesterday didn't exist? Because there is a you today means that there will be a you tomorrow. Birth and death follows the same principle.

If something is born it will die, if there is death then that is because something was born. The end that you all think of doesn't exist. The reason you would ask a question like that is because you believe this body to be yourself.

But how can that body be yourself?

When you asked me this question you first had a thought and then spoke. The thought didn't come about because you spoke. The True Thing that asks me the question does not have any form.

When you go some place, can your legs walk themselves without some sort of intention?

Isn't the thing with intention that makes you walk, so to speak, your Mind?

It's like how your shadow follows you when you move. It is too obvious that a person doesn't follow their shadow.

So which one is real? Just as how it is not the shadow but the person who is real, it is not your body but your Mind which is real.

Look at the True Essence of your Mind.

This True Essence doesn't die.

Formless, colorless being, this True Self that is the master of body will never just disappear. It never goes to naught, but always circles around the six paths of existence, like a water mill turning, according to its karma.

Death is not the end. Nothing will be resolved with death. Your fundamental being does not end with death. Your body will return to dust but your mind will take on another form according to its karmic affinities.

Do heaven and hell exist?

Of course they do.

After realizing that your True Self is not the body but the True Nature of your Mind. If you transcend all forms and dualities like good and evil, this complete recovery of fundamental Essence is heaven.

Life that is free from birth and death, life that manifests as you intend, life that is dependent on nothing, pure and complete, this is heaven. If you want to enjoy heaven you first must enlighten to the substance of your Mind.

On the contrary, if you don't pursue virtue and merit, but instead harm others and do wrongdoings then your life will become hell. Regardless of where you are born, you will live in hell.

This is because, without any good karma, everything that comes to you in your life is bad karma.

Every person you meet, everything you do will be bad, nothing will succeed as you wish. You will not get along well with people, everything you try will fail.

If you are born as an animal, that will be also hell. You will always be attacked and eaten by the more powerful.

And finally, if your karma is so bad, you will end up being born in hell for countless lives. Here, you are thrown into a furnace to die and reborn immediately with no respite from the pain. This cycle repeats ten thousand times in one day.

What happens to all of our karma after we die?

You will continue to follow your karmic affinity.

Just as I said that it's not a coincidence that you were born in Korea, you do not randomly come across the people that you meet. People who share karma will come together.

Whether in the realm of animals or of humans, birds of feather flock together. Same sort of bad people fall into the realm of animals, of hungry ghosts or hell together.

Similar karma brings them to the same worlds.

And among them, people who share more karma will meet each other.

We are all Korean but we don't meet every person in Korea. We just meet certain people who share close karma with us. It's same in the realm of animals, of hungry ghosts or hell.

Karmic affinity is like the relation between iron and a magnet, regardless whether your karma is good or bad, if you have similar karma with someone, you will meet them again. That's why we have to make all of our karma positive.

What is the Mind?

Who is asking me this question now? It is your Mind which is asking me, not your mouth.

Have you ever seen a dead body asking a question?

After death the only thing left over is a corpse; water and dust.

When you are alive the elements of water and earth of your body are kept warm by the element of fire; they are moved by the element of wind. Our living body has all four elements but after death only two are left over.

Then are we nothing more than that?

No, it is clear we are something more.

You, which you call your 'self' is the Mind, the thing which is asking the question.

But have you ever really thought about the fundamental Essence of Mind before? So Sakyamuni Buddha often spoke about how we mistake the slave for the master and the master for the slave. This is backwards thinking; that is why he called this world an 'upside down world'.

Mind is the master, it is not the body. Yet many people, in delusion, look at this body and consider the material body to be their 'self', they consider it to be their master.

Mind has no form, but why is it so tied up with the body?

Because you delude yourself thinking that your body is 'self'. Once you enlighten to Mind being True Self and enlightenment becomes your routine, you will never be tied up or bound.

However since you believe that this body is yourself then these persistent habits keep you tied up and you are constrained by the body.

Last night you dreamed of a body that wasn't really a body and you may have felt pain in certain circumstances.

The body in your dream did not exist physically, it was merely your brain activity. But then why did you feel pain? It is because you firmly believe in the existence of that dream body.

After your sleep, where is that body that was suffering so? If it didn't exist what is the reason the dream body was stricken with suffering?

Nevertheless in your dream you experienced pain in that dream body. It is the same with this physical body.

So the reason that I suffered in my dream is because at that time I considered the body of my dream to be my true body? And this is the reason that I am bound to this physical body, although Mind is originally free?

Yes, there is no difference at all. Originally there is nothing to be tied up, but the moment that you think of your body as your 'self', you're shackled.

For countless kalpas we have gotten into the habit of believing this 'body' to be real self. In your dream, if you had have clearly understood that your dream body didn't exist would you have suffered in the same way?

The answer is no. Even though you have a physical body, if you awaken to Mind, to your True Self, then you wouldn't be shackled to this body. You wouldn't be bound to suffer.

This is the life of Buddha. This is the life of bliss in heaven.

How can we deal with the gap between our emotion and reason?

Emotions are instinctual, they express our animal characteristics. Rather than just responding immediately according to our emotions, it is always helpful to use our rational thought first.

The rational mind is unique to humans, but people who disregard thinking and only act on their emotions are not much different than animals. A true human being is someone who uses their reason to think, just a little bit more, about what is right what is wrong;

about a better way of acting.

In art or in many other fields of culture, people follow their emotions thinking as if they had found beauty.

So is art based on emotion? No.

If there is nothing more than emotion in a work then that is not true art. It is nothing more than self-absorption.

True artist must be able to express their thoughts and share their vision, be able to share their emotions with other. If nobody can share in the expression of the artist then it is hard to call art.

Furthermore, besides being able to just express a vision, the true artist must be able to lead people to a better world through their creation. A world of under-standing and sharing.

If someone's self-absorption or raw expression can touch the big audience deeply and make them keep the impression in their mind, then that person is a artistic genius. Otherwise the formal rules of aesthetics and reason are important to allow the audience to share in the artistic experience.

These days we are encouraged to 'act freely' without constrained by any notions, including morality.

This is said to be a true, natural life. Now if you can live whatever life you want but you don't interfere with the lives of others, then this truly is a life in heaven. This is a true democracy.

In reality, the dream of being able to 'act freely' without interfering with the rights of others cannot exist. If you try to live only thinking of yourself you cannot help but interfering with the lives of others. If others live this way too, then everyone will be giving and receiving suffering. Among people there will always be fighting, between countries there will be war.

How can we control our grasping, angry and foolish mind so we can be at peace?

When you make others comfortable, you will be comfortable.

When you first treat others nicely others will do the same to you and things will get better.

I would like to reiterate that we do not live alone in society, that is why you should always keep these three questions in your mind. "Do I know myself? Am I consistent in doing the right thing? And do I have enough patience with everything?"

In this world we live together with other people so we need to be patient and need to think before acting; only then will our society function well. Only then will our world be fair and we will be able to live in peace.

But people often consider patience and bearing other people's troubles as a loss.

That is foolish. What about all of those seeds you keep in storage until spring? When you plant them are you just throwing them away? Of course not, every seed you plant you will reap tenfold, one hundredfold.

Like this you should be kind to all the people around you, you should help them as much as possible, then all these people will help you in return. You will make good karma with everyone around you.

In addition to all of this, you will find yourself to be comfortable also.

How can we untangle difficult karma?

The seeds of bad karma planted by ourselves in previous lives results in the difficulties we experience in this life.

So when you are on the receiving end of bad karma, do not try to resist. Just accept it thinking, "I am reaping what I have sown, I am responsible for this. For if I had not created this karma I would not be experiencing this now." And so put down all your thoughts and forgive people. Treat them well.

Remember the saying, "No one spits on a smiling

face." Even if somebody treats you badly 10 times, be nice to them 11 times. This is the way you can turn bad karma into good karma.

It's not easy to do this, but if you look around you can see examples of this all the time.

But if I just forgive someone's bad behavior, aren't I just enabling them to create more bad karma and evil? Don't I become responsible for it then?

You must be able to distinguish between enabling someone to create more evil and using a good expedient in order to untangle the bad karma to make good karma.

So then what should I do if someone treats me unfairly or tries to harm me?

If you have already been harmed, instead of blaming or cursing, you must let them know what kind of evil they have done to you, but still try to be kind to them.

And now you know what kind of person they are, do your best to prevent anything bad they might do next time again.

So what should I do if that person is about to harm me?

You must prepare for anything that might happen, but still do not harbor ill feeling or evil towards them. You must always live wisely to do so.

It is evil to enable somebody to commit evil. For example, if I always lock my door or take reasonable precautions to guard my belongings this can prevent someone from committing the sin of stealing. But if I leave my door open, this can encourage a starving person who only came to beg, to break in and to commit a crime. In this case I have actually enabled the person to commit this sin, I have to take responsibility for some of this bad karma.

To avoid this sin, you must always lock your door.

Prepare for any unlikely events and live a just, wise life.

It is difficult to avoid becoming a thief when one is starving to death. That is why it is necessary to try to prevent poverty and starvation, whether through individual actions or organizations.

Personally I can understand this, but in the perspective of social-justice I wonder if we should just forgive the crimes of criminals for the sake of creating good karma.

Since we live with others in society, there must be rules to ensure social order. This is the job of the criminal justice system. We must follow these rules made by the government. But in addition religious groups need to work with the criminals to lead them towards spiritual atonement and growth.

Is there something eternal?

Of course, something eternal exists.

As I said before, everything with form must disappear sooner or later, it is only a matter of time. The end is inevitable.

However death or extinction does not mean something is permanently gone. Just as something may disappear, when the conditions are right in some place a new form of it will reappear.

On the other hand, just as it says in the book *Signs of the Fundamental Truth,* if there is something without form, then it can never appear, nor can it ever disappear. Nothing is added and nothing can be taken away.

Isn't the void like this? It has no form. Things may appear or disappear in the empty sky, but the empty sky remains unchanged. It will exist just as it always has existed, regardless of what happens.

Even if we were able to blow the earth out of existence this wouldn't affect space at all.

Just as space is eternal, our Mind is eternal also.

In fact, the more we understand the more we will realize that the void actually comes from Mind. It is not something separate from our Mind.

Does god exist? If so, what kind of being is it?

There is no such thing like One Absolute God.

But some people believe that One Absolute God exists ruling over the universe with omnipotent power.

Now, as people believe, there is an invisible and intangible beings that possesses a great power.

Just as there is a king or president with power to

govern our countries, there are beings in the universe that, though we cannot see, have this type of power.

The power of those beings is more than humans can imagine, but it is not the absolute power that determines happiness or unhappiness. There is no such being that has this kind of power.

Many people believe that there is absolute God, and that only from this God one can attain happiness or comfort. But it is a big mistake. This is because they mistakenly believe that happiness comes from the outside of themselves.

If you fall to the ground you must push yourself up from the ground, but grabbing at the air isn't going to help you. In the same way, unhappiness is caused by our Mind. We must use our Mind to find happiness, grasping after illusions will not help us.

We have forgotten about the eternal and absolute thing that we have, our True Mind, and use it foolishly. So the sixth paths become manifested in front of us and we fall into the ocean of suffering. We need to awaken to this Original Mind to freely use that eternal wisdom and power and share with others.

It will bring to you true happiness. So what makes you happy is your Mind, not some external 'Absolute being'. There is no God that can determine our happiness, it is up to us.

So if a god exists, then that is simply a being who can use more of the Mind's innate power?

Yes. Everyone has Mind, it is equal to all beings. Beings who have cultivated this Mind and possess these powers seem to be supernatural.

But just remember, these beings are simply more awakened to use Mind than us. They do not create the universe or are in charge of our karma, our happiness or misfortune.

The universe is created by the karma of all sentient beings. Birds of a feather flock together and beings with similar karmic affinities gather into groups. All beings that live on the earth share karma, this is collective karma.

Is religion necessary for humans?

It is absolutely necessary. If there is no religious teaching which has mercy on people and guides them towards virtue and merit then we will regress. Humanity will continue to deteriorate because our world belongs to the world of desire which is affected by greed, anger and ignorance.

Religion is like a lotus flower which blooms in the muddy pond, yet is perfectly untainted, even beautiful. Religion allows people who live in this world of greed, anger and ignorance to keep untinged with the poisonous elements.

Furthermore religion leads people to do good deeds, cultivate merit and nurture virtue while helping others.

Religious organizations have an important role in society for a better and more peaceful world.

We definitely need religion.

Is there religion or ideology after one dies?

When people die, they will normally be reborn in another body within 49 days. At this time if they receive a human body then they will be living in a world with religion and ideology.

Even if they are not born as a human and still not be able to realize their Buddha Nature, they will still rely on the guidance of religion.

So, to even them who were born in the realm of animals, hungry ghosts etc., religion is still important.

While one must be born human in order to be lead to Nirvana, still the guidance of religion will affect those in other realms.

In Buddhism, monks who have great depth through a sincere practice can touch wandering ghosts, animals and even denizens of hell through prayer.

Buddhism is the only religion that offers prayers not only for living people or the deceased, but for all living things including animals and denizens of hell.

Here's an example. When people raise animals, if the master is a good person and works on making good karma, then that animal will also create good karma. Even after death they will follow that master.

Furthermore if that master has practiced with true faith then the animal will benefit and finally be reborn into a better life.

So where the Truth and religion are concerned, to enlightened people or to those with true faith, there is no boundary between life and death. By transcending the boundaries of life and death.

Buddhism can lead all beings to avoid the pitfalls of samsara. They may be reborn as humans and finally achieve Nirvana.

Why does sectarian strife occur even in the same religion?

Each religion has several major sects.

Christianity, Islam, Buddhism, etc. are like this.

But such behavior is not correct.

Since they all have the same root, the infighting is like fighting between family members.

Even with different religions like Buddhism and Christianity. Every religion needs to embrace and respect each other, it is not right to be attacking the other.

Is it appropriate to attack somebody who is trying to help others that you can't reach? This is especially bad. When you can't help poor people, but if someone else can, shouldn't you be grateful for it?

When it comes to religion also, this slander or attack on other religions is bad behavior. Only when certain superstitious belief is held by another religion and it is harmful to people, should we try to convince and help them through reasonable explanations.

Most people in the 21st century are able to distinguish between superstition and true religion.

True religion should be acceptable scientifically and logically. But if not, it's just superstition.

As I listen to you now, I am confused as to how we should determine right and wrong. For example, a certain religion emphasizes that its teaching must transcend both science and reasoning.

That is why you must think deeply about whether to

believe certain religious dogma or not.

Whether you are Buddhist or Christian we are living in the 21st century; we are living in the age of civilization and scientific technology.

This is the age of space exploration and satellites. We can observe the universe and it's form. Many of mysteries have unveiled and will be unveiled. If religious teaching is not supported or is surpassed by scientific development or empirical evidence, then that teaching may be called archaic. It may be called superstition.

Since religion does indeed transcend both science and reason, then that religion should be able to teach scientific, reasonable principles thousands of years before our modern science could even imagine it. Correct religious practice starts right here.

What is the difference between a religious fanatic and a devout believer?

Sometimes being devout is considered to be a fanatic. How can we determine which one?

If your faith is not at odds with science and reason, then trying to deepen your faith is good. This is not being a fanatic.

Fanaticism is totally different from wholeheartedly seeking the Truth. If you misunderstand and just fall head first and ignore all empirical evidence to the contrary, this is superstition or fanaticism.

You should avoid this fanaticism in your faith above all things.

How can I distinguish fanaticism and true religion?

When you talk with clergy or a educated believer of a certain religion then you can find out how they believe. Can they recommend it to other people in the reasonable way? If someone has blind faith in certain religion or doctrine without any reason disregarding science, you will be able to know that it is not right.

You should judge very accurately because the clergy is especially responsible for being able to teach the Truth and express their faith clearly. Only then can you expect more reasonable teaching and practice from the religion.

What would be the right way to the Truth?

And as for being in concordance with scientific development and rational thought, religion can contribute to society because it can lead people to a better way. It must be able to lead all the way to eternity, not just be able to keep up with the latest scientific developments.

However sometimes the words of enlightened masters do not seem to make sense to ordinary people's rational minds.

That's why the religious leaders must master all the principles completely.

They must be able to explain the Truth in plain language, so people who at least have an ability to understand a reasonable explanation can accept the Truth. If this is the case the people cannot help but agree, even if they were originally against that particular religion.

For example, someone may ask, "Soul is neither visible nor tangible, how can I believe in its existence?" As I mentioned earlier I would use an example of space, which is neither visible nor tangible. Also, I can ask back to the questioner, "When you had a dream, WHAT WAS IT that acted or moved in the dream? Your body was lying, yet you went around the world in your dream, WHAT IS THAT which created all then?"

These comparison and questions will make the questioner rethink and reconsider their original opinions.

In this way, you should lead the questioner to the difference between the correct way to the Truth and the wrong one.

Christianity speaks about believing in God; if you believe in him you will go to heaven when you die.

This doesn't make sense. It is not logical that people will receive protection and favor from God only after they die. If it can be received after death then you should be able to get divine protection when you are alive. And even though a Christian commits crime in this life, can he be feel relieved because he will be saved by God? No. Furthermore they will receive retribution for their crimes.

If an omnipotent God existed, then why didn't he prevent that person from committing the crime in the first place?

If God possessed the ability to lead all people to eternal heaven when they die, why can't he just lead them to heaven while they are still alive?

So it is foolish to believe that you will just go to heaven if you believe in God.

Buddhism talks about the emptiness of life, if this is the case is there any reason to try to live diligently and honestly?

In Buddhism we talk about emptiness and say that this life is a mere dream.

But here people may misunderstand the concept 'emptiness'. When you hear the word 'emptiness' you should understand this to be the substance of our Mind, it is neither visible nor tangible. It does not mean 'naught' or 'futile'.

Otherwise, Buddhism would not talk about the 'mysterious existence'. This 'mysterious existence' resides in emptiness. This can be explained as being similar to rain, snow, wind, lightning, thunder or high and low pressure that become manifested in the empty sky.

Just as all of these forms, colors, sounds and movements come out from the empty sky, all sorts of thoughts come from Mind which you can't see or hold. In your dream you can become a dog or a bird. Originally Mind has this ability.

So if you just think emptiness taught by Buddhism as nothingness, then you don't understand Buddha-dharma yet.

In emptiness which is the true substance of Mind, the mysterious existence is infinite and innumerable. In short, "Everything is made by Mind alone," there is not even one thing that was not made by Mind. Everything is this mysterious existence, everything is made from emptiness and this includes the universe.

Then life is not meaningless?

Absolutely not, because you are making your next life now. Your next life will be determined by how honest you are living now. You may find yourself in hell, the realm of hungry ghosts, realm of animals or in heaven.

Your life here is really important because not only it will determine whether you will enjoy bliss in your next life, but it will also determine whether you will find your eternal True Self through awakening your Mind.

But it still seems that Buddhism insists that life is meaningless.

What Buddhism teaches to be meaningless is foolishly believing that your body is the master and letting your True Self be the servant of your body.

You see what your eyes want to see, you hear what

your ears want to hear, you look for good fragrances for your nose and delicious food for your tongue. Even when your body wants soft fabric, you try to give it. Aren't all of the sins and crimes we commit done for the sake of this body?

So if you live this kind of life believing your body to be your 'self' and commit all sorts of wrongdoings for it. Then this is indeed meaningless.

Everybody wants to live a long and happy life. But not knowing the eternal substance of Mind and believing that this body is 'self'; not believing in the next life and only living to serve the physical needs of the present body, all sorts of wrongdoings are committed and then they will fall into a bad path where only suffering will follow. How meaningless this is?

Buddhism explains the reason why we must practice to enlighten to your True Nature which is seeing, listening and thinking right now. And Buddhism teaches us that we should live a life of merit and virtue. This will contribute to prosperity and peace in our society and let us reach eternity through enlightenment. This is what Buddhism teaches, not meaningless or empty feelings.

So when we are told that life is empty, that's because we continue to live believing our body to be our True Self?

Yes, that's right. Life is empty and purposeless when you believe your temporal body to be your True Self. Deluded, you will commit all sorts of wrongdoings for the sake of the body.

There's a saying, "Only your karma will follow you." When our physical bodies die, the formless and colorless 'thing' that lives on will take only formless and colorless things. In other words, Mind will take only karma, karma will follow only Mind. When this Mind is reborn into its next form, the same karma will be there to reap what was sown earlier.

Without knowing all of this, people live as slaves of

their bodies and believe that their lives end when their bodies die. This is empty and meaningless.

Some religions teach that as long as you have faith, then you will go to heaven or paradise, is this true?

That is absolutely wrong. If you committed a crime or wrongdoings then you must receive the consequences for what you have done. Believing in God doesn't change this absolute truth.

Regardless whether somebody forces this on you or how hard you try to avoid it, eventually you will reap the consequences. Just as a magnet and metal attract, this is a law of nature.

Whether it's Christianity or Buddhism, whether you believe in God or Buddha, it's a mistake to think that this belief in itself is going to carry you to heaven.

In Buddhism there is teaching, "You reap what you sow." If you sow bad seeds of karma you will necessarily reap them eventually.

This is why we must live according to 'sincere practice and true experience'. You must truly awaken your True Self and then personally practice and work with your karma. Just believing in a certain religion, if you still create bad karma, will not allow you to avoid retribution.

But even in Buddhism, it is taught that by chanting the name of Amitabha Buddha (the Buddha of infinite light) one will be lead to heaven and that by chanting the name of Avalokitesvara (the Bodhi-sattva of mercy) then all suffering will be removed.

It is incorrect teaching and understanding.

If one is always reciting the name of Amitabha and repenting over past sins, then what kind of bad karma will that person make?

If you chant with all your heart and soul, it will lead you back to True Self and cause you to practice meditation. If you repent your wrongdoings practicing like that, you won't make new mistakes, consequently you will live well and go to the Paradise of Amitabha.

But even if you find yourself in the Paradise of Amitabha, you will still need to enlighten to True Self in order to have true liberation.

Buddhism is based on enlightening to True Self, after that you can rid yourself of karma, the suffering of life and death and the chains that imprison you. This is true paradise.

So then are you telling me that my state of mind is important when I chant Amitabha? There is no use chanting if it is only to fulfill my own greed?

That is right. We call that 'empty chanting'. Even if you chant like that, everyday for your whole life, it will not lead you to heaven.

A certain religion claims that belief in God will lead you to heaven, without belief then you will go to hell. This is fundamentally different from Buddhist teaching. Buddhism tells people to follow the teaching that leads you to sincere practice and true experience, this is the only way to paradise.

So what are the effects of prayer?

The benefits of prayer come from the sympathy of the Sakyamuni Buddha and the Bodhisattvas such as Avalokitesvara, Manjusri or Samantabhadra.

These are beings who have finished their practice, gained enlightenment and eliminated karma.

Possessing supernatural powers so that they are able to penetrate people's thoughts, feelings and karma.

This is the endless ability of True Nature. It's so-called omniscience and omnipotence. My Mind and yours equally have this ability, it does not belong solely to one God.

The emptiness of True Self is mysterious. It makes all things just like that empty sky makes thunder, lightning, cloud, rain and snow.

Last night's dream was also manifested by this mystical Nature. It never took any special effort from anything to create that world in your dreams. Like this, all the Buddhas and Bodhisattvas can effortlessly manifest everything by themselves in the world.

If someone's sincere effort to accomplish something in this life is impeded, this is because of their bad karma. If they pray honestly relying upon Buddha and Bodhisattvas for help, compassionate Bodhisattvas will protect them from the effects of their bad karma. In that way prayers are answered.

However even Bodhisattvas cannot eliminate people's own bad karma. In the end one reaps what one sows.

In other words, the bad karma that one creates can

only be melted through sincere repentance and restitution, so Bodhisattvas cannot just get rid of it for you.

Bad karma affects one, just as a magnet attracts metal. But Bodhisattvas can temporarily prevent the effects from being so sudden. Through this reprieve then they can lead people onto a good pathway and prevent them from falling into a bad one.

This is the effect, this is the real benefit of prayer.

So even if I repent for my bad karma I still must receive the retribution anyway because it won't simply disappear?

Not necessarily. Bad karma can be changed, it can be redirected into a good direction through true repentance and prayer.

For example, if two people share bad karma and they are about to kill each other, the intervention of Bodhisattvas can change this situation.

The infinite virtues and abilities of Bodhisattvas can

soften the effect of bad karma by soothing individuals' minds into forgiveness. But as mentioned above, Bodhisattvas cannot eliminate bad karma. It must be done by each individual through repentance.

They can only nudge the person at fault to ask for forgiveness and encourage the victim to forgive. Bodhisattvas can help people untangle bad karma, like a mediator, they can ease the punishment or retribution.

I've heard that if I pray sincerely enough, then it will still be answered even if it is only for a personal wish, not for others.

That is what is said, but this is not always like that. Since there are too many prayers, only the most sincere prayers will be answered. For example, if you have seven children and all of them are asking you for help, what would you do? You will probably help the one who needs it the most. The one who is most desperate.

Are there such things as supernatural powers? How are they different from superstition?

Supernatural powers do exist. Buddhas and Bodhisattvas have those powers, it can seem to be miraculous to us. If you need help and pray sincerely enough then they may manifest these supernatural powers to assist you.

The effect of these powers is like the sun rising in the east. The sunlight will shine everywhere without discrimination, but it will reach the highest mountaintop first. Their compassion extends to everyone, yet their mercy reaches those who pray most sincerely.

Ordinary people also have the same supernatural abilities, but it is just less developed.

We can see through our eyes, hear with our ears, taste with our mouth and smell with our nose. We can feel with our body and use our mind to perceive. There is no fundamental difference between these sensory functions and the abilities that we find to be so miraculous.

After awakening your Mind to True Self and removing karma, you will enter the state where you can use these six miraculous powers freely. Everything will happen according to how you use your Mind. It will be just as effortless as when you think about the Himalaya mountains, the mountains occupy your Mind. When you think about Niagara falls, a picture of the waterfalls come to Mind.

Our Mind is incomparably vast like this.

It is said that Mind is a small universe, but actually

the whole infinite universe is inside of Mind. All empty space is also contained within Mind. This is difficult to understand and only after one is enlightened does it become clear, but still no one can deny the fact that everyone has 'Mind'.

You just said everyone has Mind, what are you referring to?

Mind has no form. It has no color. Nobody can deny this. Since there is no form there is no inside nor outside. It is infinite.

That is how everything from the Himalayas to the Niagara falls can fit inside of it. The eyes of our body is limited, it can only see things in front of it. But if you see through 'formless' infinite Mind, there is nothing that is not perceived. Everything is seen.

This is where the six supernatural powers become manifest.

The first supernatural power is sight. When this has

been opened to you, you can see everything regardless of when in time or where the object is. Supernatural hearing is the same. you will be able to hear everything regardless of when or where. To know everything whether it is past, present or future is supernatural knowledge.

To be able to know others' thoughts is called super-natural understanding.

How are all these possible?

Mind is formless, there is no separate place for it to reside. It exists all of the time, in all places without interfering with anything. It is just how countless lights may brighten a room without interfering with each other out. They are all independent and autonomous.

After enlightenment, to use these powers according to this principle is good. But to use these powers without enlightenment nor understanding any principle or to believe out of fear, this is superstition.

If my life is determined by fate then what is the use of my will to endeavor?

Instead of just believing in one's fortune being fixed according to a certain time of the year, you should understand that you reap what you have sown. What you sow in this life, you will reap in a future one.

How much you will reap in the fall is determined by how much you have sown in the spring and how hard you have worked in the summer.

When you harvest in the fall, that will then determine how comfortable you will be in the winter.

This is the right way to understand the concept of fate. It is superstition to believe that your birthdate or the position of the stars will determine your fate.

If fortune or fate is 'to reap what one sows', then fortune does indeed dictate what kind of life we have. But regardless of your bad karma in previous lives that makes things difficult, if you continue to repent for past actions, be humble and help others your life will improve.

So it means that my future is not predetermined?

You future is determined by how you live in the moment. This extends to your next life.

If you want to know how much you will harvest in the fall, just investigate the quality of your seed, how well you've sown it and how hard you've worked through summer.

So can I change my life through my will and effort?

Yes, everything follows this simple rule. If you make it then you have to take it; You reap what you sow. This is the principle of Buddhism, the Law of Karma.

Why is life so unfair?

Some people enjoy success with very little effort, while others fail despite all of their hard work.

That's because you can only see a very small part of the big picture.

If you could see clearly through the past, present and future then you would see that nothing is unfair.

Considering life to be unfair is like complaining that your pantry isn't full even though you didn't work during the farming season.

You're receiving the exact portions of what you did in previous lives.

So you should reflect on this and prepare for the future by doing good work and cultivating virtue.

So in any case my karma cannot change in this life regardless of my efforts?

Yes, you can change it. If you try and make an effort you can change bad karma into good karma. But it will not happen immediately. For example, if you constantly try to understand and empathize with the person who is causing you grief, all while focusing on goodness, that person will change. They can't harass you forever and eventually they will respect you. They will even begin to follow your teaching.

Buddhism teaches you how you can reclaim the control of your karma in this way.

If there is a God why is there evil in the world?

Any religion which claims that there is a single God which determines the fate of all living creatures is incorrect. Remember, what goes around comes around.

Then if there is one specific principle then why doesn't everything follow it?

Everything does follows this principle precisely. You may ask why you don't see results immediately after an action but that is only a matter of time.

Try doing some good works where you get immediate results.

If you help someone who has just fallen, then you will be thanked right away.

But if you live a kind life and think to yourself, "I live a good life but why is life so hard on me?" This is like planting seeds in the spring and immediately thinking, "Why isn't my pantry full?"

This is because what you have right now is due to countless past lives where you may have not planted the seeds of merit or virtue. It is foolish to think that good results will immediately come from a little work simply in this life.

Your pantry may be empty this year but this doesn't necessarily mean it will be so next year. If you plant good seed and work hard, what will happen to your pantry in the fall? Your present life may be difficult however if you continue to cultivate virtue and merit you'll definitely see good results .

So how can you plant the seeds of virtue and merit?

Normally we think of helping people with material things like money and so on. This is not essential, just because you are poor doesn't mean you have nothing to give.

Like helping somebody with heavy luggage, assisting people as they climb a stairwell, there are so many things that you can do without money, that anybody can do. Do whatever your means allow.

If you keep doing good work regardless of the present difficulties, then good results will come.

But there is always the possibility that while I am intending to help someone, I may just enable that person to commit a wrongdoing. How can we prevent this from happening?

This can always happen. For example your neighbor may ask to borrow a knife which you lend in order to help them. But then if the neighbor uses that knife to commit a robbery, you have become an accomplice to this bad karma.

Even though you had a good intention, your action of lending this knife contributed to the robbery. To predict and avoid this kind of thing from happening you must cultivate not only merit but wisdom also.

It is said that human cloning will become possible in the future. If my body is cloned, which one of the two will be the real me?

I've been talking about human cloning long before it became an issue, and soon it will become a possibility.

From one cell in my body thousands of bodies could be made.

But even though each one of these thousand bodies may be genetically the same, the souls that occupy them will be different from each other.

A body is merely a container which becomes occupied by any soul that is looking for residence.

Did humans evolve according to the Theory of Evolution or did they just appear according to the Theory of Creation?

This universe primarily is the result of original ignorance.

When you enter into deep meditation you may see gold or silver lights or something like the clear autumn sky. This is all born from the omnipotent abilities of Mind like the colors radiating from a jewel.

In the right conditions, a jewel shines beautifully, glittering in various colors. But the light of jewel doesn't come from the outside. No matter the conditions a rock never shines, it never gives off these colors. It is because a jewel intrinsically possesses certain characteristics that these colors can be seen.

Furthermore, like you can't separate this jewel from its brilliance, it's same with Mind and the intrinsic abilities of Mind.

However, there is one difference between a jewel and Mind. Mind has the ability to shine, regardless of external conditions.

Remember, the omnipotent abilities of Mind do not come from the outside. It is unlike a jewel which does require light to shine. We act as if Mind and the ability were two separate things, that is why we get attached to our abilities and delight in them. We desire them, and then we try to possess them.

Dreams are illuminations from Mind. Even though the things you dreamed of last night are not separate from you, you perceived the mountains and cities in your dreams to be something apart from yourself. The same thing happens with the illumination from Mind, even though the illumination is intrinsic and not something separate from Mind, we perceive this – the environment – to be something separate.

And it is at this point that the concept of inside and outside are created. Desire to possess that which is the illumination on the 'outside' grows stronger and stronger until finally True Self mistakenly identifies itself with this 'outside' form. Everything is switched inside out and Mind then relies on its 'outside' form.

And so from here all activities based on 'outside' form become karma, from karma all phenomenon is created including the world of desire, the world of form and the formless world.

All of this is very complicated and enigmatic. The whole universe unfolds from a spot where even the tip of a needle cannot fit.

The world of your dreams are like this. It all unfolded

from your sub-consciousness, a spot that possesses no physical dimensions. It's as if it came from your sub-consciousness. So your dream world manifested neither inside nor the outside.

In that way, this world has never unfolded open yet it sits right in front of us. It has never 'become' yet it obviously exists. This is the world of doing without doing.

How did the universe form?

In the very beginning things simply formed, and this includes both sentient and non-sentient beings.

Just as the image in your dreams last night formed, so did the infinite universe that we can observe at night form. To be non-sentient means to be without any thought, but actually there is nothing that is totally non-sentient.

This is because there is 'nothing besides Mind'.

Once Mind had accustomed itself to the habits of being without active thought, it began to create this type of karma. According to the acquired karma this Mind – Buddha Nature began to appear as a non-sentient being.

Buddhism describes six things which make up the universe: earth, wind, water, fire, emptiness and consciousness. This six things however are not restricted to our simple definitions of the words.

These six things that combine to form the universe are simply the formless ability of Mind.

It is through this formless ability that everything exists. That is why we say, "Everything is from Mind."

You may ask, if this ability is formless, then how is it able to form anything? Think about the water and fire in your dream.

When you awake from your dream, does the water and the fire exist? Did the food you eat in your dreams exist?

But while you were dreaming the water and the fire existed to you at that moment of dream. While you were dreaming you felt being satiated by all that food.

Is the end of the world coming?

I have been interested in the development of alter-native energy and the ability to be self sufficient since 1962.

I predicted that there would be wars due to shortages in the future and using up non-renewable resources, so I began researching the technology that would allow us to take advantage of alternative energy sources like solar energy, wind and water power especially utilizing the power of waves.

71% of earth's surface is water and the waves are

constant, I suggested using wave power but at that time in our country nobody was interested in such developments. The first wave-power plant was established in Europe and as we can see, the use of tides and waves for energy is now one of the most viable sources of renewable energy.

A perpetual motion machine is a machine that can store energy without using any source like water, fire or wind. The dream of making such a machine has been around for hundreds of years, but these days it is being studied further in Japan.

In 2009, I launched International Union to Prevent Desertification (IUPD) to prevent further disasters.

The purpose of this organization is to prevent the expansion of arid desert land and furthermore reclaiming the desert and making it fertile.

The desert is like the heart of the earth, it is much more important than most people think. By controlling the heat of desert, we can prevent global warming and even control rain.

What do you think about the apocalypse?

It all depends on us, how well we take care of earth, we will determine whether we enjoy living in paradise or face disaster.

But I believe we still have time to act. If the whole world can work together and cooperate using science and technology as a guide, we will have bright future. No one person or one country can possibly accomplish this. Everybody must participate.

We need to focus on technology that will allow each individual family to grow their own food, and then everyone will be able to access clean, organic food and vegetables all year round.

We must plant more trees and places of vegetation which will prevent water from evaporating, thus keeping the world cooler. This is especially important in areas where there is a lot of cement and asphalt, conditions that promote global warming.

If we can utilize the desert, develop clean energy and

reforest our land while using local farming technology which will allow us to feed ourselves sufficiently, then this will be the best time to live on the planet.

You mean that the end of earth is not determined yet.

To bring up the end of earth or the apocalypse is a core characteristic of superstitious religion. Even if there is an end, there is no need to evoke fear in people.

Like I said earlier, we have the power to make the world a garden of paradise.

Everybody should work for a bright future, instead of just worrying about the end of the world. If we use the science of the 21st century to solve our problems, we can make a wonderful future.

Is there a way to live in this ever changing world with wisdom?

Don't forget, we're living 'together'. Regardless of differences in religion, we should live with others in harmony, helping and understanding.

Patience is necessary to help and understand. If everybody tries to live this way, we can get rid of bad karma together, finally we will have a better world to live in.

Vision of the 21st Century:

Things We Must Do Differently

Vision of the 21st Century:
Things We Must Do Differently

In 1962 the harmful effects of pollution and an inevitable energy crisis began to become apparent to me so I started my own research on alternative forms of energy (infinite motor, solar power, wave energy, wind power) and 'Farming within the fence'.

I also talked about how many people would depend upon these solutions. At the time however, the problem had not become apparent enough to garner much attention and so my ideas went unrecognized.

In 2009 we established the International Union to Prevent Desertification (IUPD) to bring awareness to one of the most desperate environmental problems, which need to be solved, and to suggest answers to saving our endangered global village.

The IUPD is promoting the prevention of global warming / desertification, making greener surfaces and developing alternate energy. These are initiatives which everyone should work towards.

First, tree-planting has not been successful in preventing desertification or recovering desert areas despite the huge investment of financial and human resources.

We suggested a new solution to the IUPD called the 'Seawater Irrigation Project'.

The Seawater Irrigation Project is designed to recover the eco-system in deserted areas, by installing water lines and irrigating with ocean water for plants with high resistance to salt water.

This is a solution to solve the problem of trees being unable to survive because of a lack of water.

However, the purpose of IUPD is to prevent the expansion of deserts, not to get rid of them completely.

Like the heart in the human body evenly sends blood to every corner of the body to enable movement, deserts play a vital role on Earth and in regulating the temperature of the planet.

This is why we also need to study how we will manage deserts as well as prevent the unnatural expansion of them.

Second, through a three year experiment, I discovered a plant that can change vast areas of wasteland to grasslands in a short time with only minimal cost and manpower.

This plant is called 'sedum'. It can be easily scattered from helicopters without planting it. It is a resilient plant that can thrive in the cold and heat of desolate lands.

This will be helpful in recovering our environment by making a green surface.

Third, solar power, wave energy, wind power and so on are ways of developing alternative clean energy.

These three resources cannot be developed by an individual or a nation. All nations need to make an effort and make it a global business. The nations participating in the fund-raising need to receive the full benefit of these systems.

If we work on these goals together, then we will have a bright and green world. However, if we look away from this problem, we will not be able to survive the extreme repercussions.

I have been talking about 'Farming within the fence' for a long time; it is already known as the 30-storey vertical farm in Las Vegas. It can be successfully operated in such a grand scale, but it must also be placed in each home.

To prepare for the worst of the 21st century, we need research pertaining to underwater life and water cultivation.

When it comes to preparing for global warming, air pollution, and reduced living space due to rising sea levels, we need to prepare for life in the sea rather than in the universe. It is much easier and can reduce costs.

When one becomes enlightened they not only must help others to become enlightened to their immortal

True Self, but be able to see into to the future so as to prepare people for a unpredictable future in our material world.

Since we must keep giving and working until all people can live together in paradise the meaning of Buddhism is more than just simply speaking about the way to enlightenment.

Dharma Transmission to the 78th Patriarch, Zen Master DaeWon

Dharma Transmission to the 78th Patriarch, the *JeonBeop* Zen Master DaeWon

First Gatha of Enlightenment 

What is this thing that carries this body?

On the third or fourth years I had contemplated thus,

To the sound of the wind swishing through the pine trees,

The great work was completed all at once.

What is sky and what is earth?

This mind, as it is pure, is boundless, just like this.

Responding just like this, where there is no inside or outside,

There is originally nothing gained or lost.

Is there anyone who can believe without a doubt?

All thoughts, knowing and distinguishing,

Over which we spend our day;

This is the mysterious awakening even before the
ancient Buddha!

In the summer of 1962, Zen Master JeonGang[1] was the *Josil*[2] of Donghwa Temple. During this time Zen Master DaeWon was studying with his teacher, the Great Zen Master JeonGang.

One day he presented his Gatha of Enlightenment to the master. The Great Zen Master JeonGang praised his disciple saying that the 3-stanza gatha was a clear evidence of his enlightenment. However he commented that gathas are traditionally kept short. In response to this, Zen Master DaeWon recited another

---

1) Zen Master JeonGang: The 77th Patriarch of the Dharma Lineage of the Buddha and Patriarchs and Zen Master of the Jogye Order of the Korean Buddhism.
2) *Josil*(祖室): The highest authority on the Dharma in a temple. The Great Zen Master JeonGang was also a patriarch who had received the Dharma of enlightenment directly descended from the Buddha.

gatha that he had composed previously when he had seen the moon and the sun in the evening sky over the fields of Gimje.

Second Gatha of Enlightenment 

The sun in the west and the moon in the east, lightly hang over the mountains,
And the fields of Gimje are filled with the autumn hue.
Even though the whole universe cannot be,
People come and go on the road with the setting sun.

The Great Zen Master JeonGang heard this and asked Zen Master DaeWon if he could compose another gatha that would reveal the same stage of enlightenment. Zen Master DaeWon immediately recited the following:

Over the rock the wind passes through the pine trees,
And below the mountain flies the golden oriole.

There is not a trace even of the entire universe,
But the monkey cries loudly under the moonlight.

The Great Zen Master JeonGang listened to the first two lines with his eyes gently closed. Then upon hearing the last two lines, he opened his eyes revealing delight. However, he didn't stop there and asked about an incident in the mountains that occurred earlier in the retreat. "When other monks called you up into the mountain the other day and BeopSeong *sunim*[3] (He is Zen Master JinJe, a disciple of Zen Master HyangGok. At that time he was called BeopSeong. Later, he changed it to BeopWon.) asked you to speak on Bodhidharma's 'I don't know.' *kong-an*[4], you said,

---

3) *sunim*: an honorific title for Buddhist monks and nuns.
4) Bodhidharma's 'I don't know.' *kong-an*: Bodhidharma was a prince of the Pallava Dynasty in ancient India who received the Teachings of the Prajnatara after being ordained. Realizing the many opportunities for spreading the Dharma in the east, he sailed to the Liang Dynasty. When he heard that the Emperor Wu of Liang was a devout Buddhist who had built a thousand Buddhist pagodas and statues throughout his land, Bodhidharma paid him a visit. Before the Bodhidharma, Emperor Wu Liang asked,
"Since I've become emperor, I have built many temples, issued various

'Revealed!' If you were Emperor Wu of Liang, how would you respond to Bodhidharma's 'I don't know'?"

"If I were the emperor Wu," replied Zen Master DaeWon, "I would respond by saying, 'Even though there is no such thing as a saint, wouldn't it be much better to enjoy the flowering of my virtue together, just like this?' and take him by the hand."

The Great Zen Master JeonGang was astonished, "How have you reached such a stage?"

Zen Master DaeWon replied, "How could one say that he has reached it, that he has it, or that it is of his nature? It is only just like this."

As Zen Master DaeWon continued, the Great Zen

---

sutras and ordained numerous monks. What then, is my merit?"
"There is no merit."
"How is there no merit?"
"It is merely the cause of being born into the world of man and the world of heaven. Like the shadow that follows its object, it is not real."
"What is the foremost teaching of the Dharma?"
"Being boundless, just like this, there is nothing to call a saint."
"Who, then, is the one facing me now?"
"I don't know."
The Emperor Wu stood in confusion and Bodhidharma crossed the Yangtze River and went to the Wei Dynasty.

Master JeonGang became greatly pleased and the two
came together like BaegA and JongJaGi.[5]

The story behind this dialogue had taken place a few
days earlier on the mountain.

Zen Master DaeWon entered the meditation hall for
the evening session only to find the seats in the hall
empty except for few of the elder monks. Right when
Zen Master DaeWon was thinking this was strange, he
saw a young monk who furtively call him out, waving
at him from outside the hall. He told Zen Master
DaeWon that a group of monks were waiting for him
on the mountain out back.

Zen Master DaeWon followed the young monk into
the mountain and found a gathering of twenty some
monks waiting for him in stony silence. Immediately

---

5) BaegA was the master of the *geomungo*, a 6-stringed zither, in ancient
China. Although he was the greatest player of the *geomungo* in all of
China, only his most beloved friend, JongJaGi, could truly understand and
appreciate his music. So when JongJaGi suddenly passed away one day,
BaegA smashed the *geomungo* and cut its strings, never to play the
geomungo again.

upon seeing Zen Master DaeWon, BeopSeong *sunim* called out to him,

"Speak on Bodhidharma's 'I don't know.' *kong-an.*"

Without a moment's hesitation Zen Master DaeWon replied, "Revealed."

Then SongAm *sunim*, who was standing nearby, asked him about the '*An Su Jeong Deung*' *kong-an.*[6]

"How would you save yourself?" SongAm *sunim* asked.

Zen Master DaeWon replied loudly, "*An! Su! Jeong! Deung!*"

As all of the monks were startled into silence, Zen Master DaeWon walked away.

The next day after breakfast, MyeongHeo *sunim*, the

---

6) '*An Su Jeong Deung*' *kong-an*: A man being chased by a rabid elephant fell into a well. At the bottom of the well there were four poisonous snakes waiting to devour him. Before falling to the bottom of the well, he grabbed hold of a vine being gnawed at by white and black mice. With the rabid elephant thumping outside, there was nowhere for him to run. At this moment, a drop of honey fell from a beehive hanging above into the man's mouth. At the taste of honey, he forgot all the danger he was in. The question of how one would save oneself in this situation is the *kong-an* of *An Su Jeong Deung*.

head monk of the meditation hall, gathered all of the monks to ask them why they had been absent from the evening meditation without notice. It was at this time that the whole story was revealed. As a result, the monks who had been absent during the session assumed their formal robes and bowed in penance before the Great Zen Master JeonGang.

The next day of the thorough verification, the Great Zen Master JeonGang called Zen Master DaeWon. When he arrived, he found his master and the Abbot WolSan *sunim* who had been asked to be a witness.
The Great Zen Master JeonGang recited the following Dharma Transmission Gatha,

Dharma Transmission Gatha 

Even the Buddha and the Patriarchs had transmitted nothing,
How could I say I have received it or will give it.

This Dharma, in the 21st century,

Will be a refuge for all in this world.

And the master appointed Zen Master WolSan to be a witness of Zen Master DaeWon's enlightenment and the Dharma Transmission. He stressed that no one should know about this *In-ga*[7] until the year 2000. He also forewarned that if not, many obstacles would arise in spreading the Dharma and Zen Master DaeWon would be in danger.

After this secret *In-ga*, the Great Zen Master JeonGang ordered Zen Master WolSan to send Zen Master DaeWon to Bohyeon Temple, an ancillary temple of Donghwa Temple, to teach the Dharma to the laity.

The day Zen Master DaeWon left for Bohyeon Temple, the Great Zen Master JeonGang walked with

---

7) *In-ga* (印可): The formal recognition of a disciple's enlightenment by a master who has received transmission in the Dharma lineage started by Sakyamuni Buddha.

him a mile outside the temple gates and gave him a piece of paper with a gatha he had written for his parting disciple.

Gatha of Entrusting the Dharma 

To respond just like this without leaving his throne,
In days to come a child of stone will blow a flute without holes.
Thenceforth, the Dharma will spread throughout heaven and earth.

There is also a story behind the first line, "To respond just like this without leaving his throne."

One day, while Zen Master DaeWon was practicing under the Great Zen Master JeonGang at Eunjeok Temple in Gunsan, the following dialogue took place between them during an unexpected encounter in the garden.

"Tell me about the spiritual awakening in the silent

void," the Great Zen Master JeonGang asked.

"Just like this, I talk with you," Zen Master DaeWon replied.

"Tell me about the silent void in spiritual awakening."

"Talking with you, I am just like this."

As Zen Master DaeWon answered, the Great Zen Master JeonGang sharply stared at him and asked, "What is the stage of talking 'just like this'?" in order to test whether his disciple truly knew the stage of being 'just like this'.

"A wise king wholly responds to everything without leaving his throne." Zen Master DaeWon replied.

So the Great Zen Master JeonGang put the stage of the response in the first line of his Gatha of Entrusting the Dharma.

Looking at the process of the Dharma Transmission, one cannot help but admire the discerning eye of the wise master who thoroughly tested his disciple not once or twice but for a third time, and how Zen Master

DaeWon responded to every test without a moment's hesitation. As if this were happening in the present, one cannot help but exult in this interaction between two Zen Masters brought together with the joy of the Dharma.

Now that we are in the second millenium that the Great Zen Master JeonGang told, we have revealed the history and the Dharma Transmission Gatha given to *JeonBeop* Zen Master DaeWon.

This will fulfill the prediction of the Great Zen Master JeonGang; the light of the Dharma of modern Zen Buddhism — from the Great Zen Master GyeongHeo, the Great Zen Master ManGong, the Great Zen Master JeonGang and to this generation — will fill the whole world.

Baroboin佛法 ㊱

所有人困惑的33个疑问

大圆文载贤禅师　著

Moonzen出版社是由正脉禅院经营。

Baroboin佛法 ㊱
所有人困惑的33个疑问

第1次出版发行日期 佛纪3042年 公元2015年11月10日
著　　者　　大圆文载贤禅师
发　　行　　Moonzen出版社

编辑,润文　　真性尹柱瑛
制作,校正　　道明郑滓太, 真运吕娅河
中文翻译　　天明洪军彪
英文翻译　　圆光艾琳·麦克雷格(Eryn Michael Reager)
画　　面　　玄桢
印　　刷　　伽蓝文化社

Moonzen出版社 - www.moonzenpress.com
正脉禅院 - www.zenparadise.com
沙漠化防止国际连带 - www.iupd.org

目 录

序 文　261

1. 我们从哪里来，往哪里去？　263

2. 是否存在灵魂？　269

3. 我们为什么出生？为什么活着？　272

4. 我是谁？　275

5. 都说人生是苦，那么苦又是从哪里开始的呢？　277

6. 是否真的存在因果报应？　279

7. 是否存在前生和来世？　282

8. 死了以后身体变成了土，这样一切都结束了吗？　284

9. 是否存在极乐和地狱？　286

10. 我们死了以后，跟生前的因缘也有关系吗？　288

11. 心是什么？　290

12. 心既然没有模样，怎么会被身体所束缚呢?　292

13. 怎样理性化的调整感性？　294

14. 怎样才能降伏贪嗔痴，使心灵得到平和？　297

15. 怎样解开难解的因缘？　299

16. 存在永恒的吗?　302

17. 神是否存在？如果存在，那么神到底是什么？　304

18. 宗教对于人类来说一定是必要的吗？ 307

19. 死亡以后也有思想和宗教吗？ 308

20. 不同宗派的宗教人士们为什么相互诽谤呢？ 310

21. 狂信徒和笃实的信徒有什么区别？ 313

22. 什么是正道，什么是邪道？ 315

23. 基督教讲的是神，佛教讲的是空。按照基督教的教义，我们信奉耶和华就可以了。那么按照佛教的教义，人生如梦的话，有必要活的那么正直，那么热心吗？ 317

24. 只要相信宗教就能去天国吗？ 321

25. 是否真的存在超自然力？如果存在，跟迷信有什么区别？ 326

26. 是否存在四柱八字？ 329

27. 世间为什么不公平？ 331

28. 神如果存在，为什么不管世间的恶呢？ 333

29. 未来可能克隆人类，那么克隆我的话，哪个身是我呢？ 336

30. 人类是唯物论主张的那样从物质开始的呢，还是创造论主张的那样创造出来的呢？ 338

31. 宇宙是怎样形成的呢？ 340

32. 地球灭亡论是真的吗？ 342

33. 在这艰难的时代里，能够以智慧的方式生活的秘诀是什么？ 346

* 附录1 - 21世纪，人类要做的事情 347

* 附录2 - 大圆文载贤传法禅师印可来历 353

* 附录3 - 佛祖正脉 361

* 附录4 - 佛心之歌 367

* Moonzen翻译书籍 389

序 文

　　进入21世纪以来，地球仿佛得了一场大病，人类经常遇到各种意外的灾难。

　　地震、海啸、火山、台风、核电站的放射物泄漏等等，除此之外无法再多的天灾人祸的消息，几乎每一天，通过媒体播出来。

　　真不知道，未来将会是雨过天晴般晴空万里呢？还是面临永远无法恢复的黑暗呢？在此过程中，甚至也有人预言，地球将会灭亡。

　　越是这样艰难的时代，人类更应该齐心协力，发挥大智慧才行。这就需要从根本上的改正。

　　政治、社会、经济、文化、环境等所有问题的根本是精神层面。其中最重要的对宗教和真理方面需要正确的教化。

　　到了21世纪，或用神秘的面纱伪装，或精神方面压迫的宗教，以及带有迷信色彩的盲目而笃信的信仰将会消失；对真理没有正确实证的教导，以及不是给生活带来真正食粮的虚影一样的知识也将会失去光彩。

为了正确的阐述21世纪的人类都困惑的问题，也就是生与死、宗教与真理，本人写了这本书。

我认为悟道的人，应该通过实证的体验，把人类引向心灵的平和和超越死亡束缚的方向才行。

而且不仅在理边上教化，事边上也要把更多的人引向健康而安乐的方向才行。

希望这本书成为，在最前端引领理边的第一步，并且在事边上，"沙漠化防止国际连带"能给拯救面临灾难的地球村问题上有所帮助。

本人设立"沙漠化防止国际连带"，也是为了现在人类，最迫切需要解决的问题—地球环境问题上引起共鸣，并提示解决方案，让全世界的人类都义不容辞的踊跃参加。

如此这般，所有的人类，理边和事边上一起走向正确的道路，人类不仅不会灭亡，反而将会迎来有史以来最美好的时代。

檀纪 4345年

佛纪 3039年

西纪 2012年

无等山人 大圆文载贤 焚香谨书

我们从哪里来，往哪里去？

我们既不是从哪里来，也不是往哪里去。

我们民族的最高经典《千符经》里有这样一段话。"一始无始一"，"一终无终一"。虽然万物从这个"一"开始，这个"一"其实从来就不曾有过开始，虽然万物从这个"一"结束，这个"一"其实从来就不曾有过结束。

我们必须要知道《千符经》里面说的"一"，到底是什么？

只有知道了这个"一"，我们才能过没有开始也没有结束，既不是从哪里来又不是往哪里去的生活。

正因为不知道这个"一"，导致你问从哪里来，往哪里去的处境。

因此沦落到，与其说是分分秒秒的生活，不如说是分分秒秒走向死亡的处境；与其说是认真的面对生活，不如说是认真面对死亡的处境。

好比快要进入屠宰场的牛一样，生命已经注定，但是还得跟着岁月的脚步一步一步向前走。

有这样一首偈颂。

生从何处来

死向何处去

生也一片浮云起

死也一片浮云灭

浮云自体本无实

生死去来亦如然

独有一物常独露

湛然不随于生死

这里说，生死如同浮云，又说，"独有一物常独露，湛然不随于生死"。

正是这"一物"就是《十符经》里面说的"一"，如是无边无际的"一"就是心的根本实体。也就是说，心的根本实体是不随生死的存在。

因此虽然说是从哪里来，其实并不曾来，虽然说是往哪里去，其实并不曾去。

也就是说，所谓的生，也不是生；所谓的死，也不是死吗？那么我们现在的生活到底是什么呢？难到这也是没有的吗？那为什么还存在呢？

这个如同宝石的七道光，当碰到某种因缘时光会显现，当因缘散尽时光会消失一样，虽然碰到某种因缘显现了这个光，但这个光并不是从宝石的外部进入的，虽然因缘散尽后这个光消失了，但这个光也并不是往外部溜走了。

因为宝石的光是，宝石本来持有发光的能力发出的光，是宝石自身的。并不是发了光就说是生成，停止发光就说是消失了。

如此这般，我们从我们的本性开始化现的形象是，因为我们的本性本来具备了化现这种形象的能力。

因此虽然说是从哪里来，其实并不曾来，虽然说是往哪里去，其实并不曾去。

您说我们的生与死都是本性的能力，但生死并不是能力不是吗？反而我们因生死而正在受痛苦。

我们堕入众生界，受到痛苦，生死轮回的主要原因是，误认为把太初自性之光发出的光另外单独存在，想要追求，想要索取的过程中分成了能与所。

我们进入禅定的时候，偶尔能看到金色或银色或透明的光，这是我们自性全能的能力发出的光。

我们的本性本来持有的能力的光，也如同宝石持有的光一样，分明不是从自性之外来的。但是误认为另外单独存在，想要追求，想要索取这个光。

梦也是自性发出的光明。如同昨天晚上做的梦和自己（自性）是分不开的境界，可是在梦里却分明当成了境界一样，误认为自性发出的光是另外单独存在的境界。

这样内部出现了能所，分成自性和境界的状态下，想要追求境界，想要索取境界。这种索取的程度越来越强烈，达到极致，最后索取境界的瞬间变成了相，当有了相，反过来自性依靠这个相。

从此展开了外部的能所，并依靠相的作用，造了各种业，根据这个业，出现了许多的现象，即欲界、色界、无色界等三界和天上、人间、阿修罗、畜生、饿鬼、地狱等六道。

就这样开始了生死，有了痛苦和束缚不间断的日子。

梦也是有了做梦的能力，才能做出来一样，如果我们没有本性的能力，世上的一切也演绎不出来的。

我们为什么成为人类出生的呢？

人世间虽然有痛苦和束缚，但更下一层还有阿修罗、畜生、饿鬼、地狱。

我们之所以来到人世间，或许天上的福报结束了，下到人间；或许在人间以下世界，偿还所有的业报以后，从下面上升到人间。

一旦堕入到人间以下的世界，也就是畜生报以后，因为是弱肉强食，不可能积福德，直接上升。因此一直往下堕入到无骨虫报。成了无骨虫以后，只能吃些树叶，所以不可能造罪。在此过程中被飞禽或昆虫吃掉，这样数不清的用身体的布施来偿还前生所有的罪业后，再一次出生在人世间。

还有，假如前生是人类的话，在人世间根据自己种的善业和恶业的比例，或许善业和恶业的比例相近，或许善业更多，就可以再一次出生在人世间；假如造的恶业更多的话，就会堕入畜生报，或者更严重的话，就会堕入饿鬼，再严重就会堕入地狱。

这就是因果报应。

根据生前做了什么，怎么做来决定上升或堕入。假如在人世间，积了很多的善业和福德，可能出生在天上；假如在人世间，造了很多的恶业，可能堕入畜生或更下一层的世界。

　　也就是说，我们是根据此生怎么做，而出生在天上、人间、
阿修罗、畜生、饿鬼、地狱等六道的任何世界。纵上所述，我
们是根据自己造的业，来到这个人世间的。

是否存在灵魂？

在座的每一位都做过梦吧？谁敢说自己没有做过一次梦？既然你们都做过梦，就应该知道这个答案。

各位的身体躺在床上沉睡的时候，梦里活动的那个是什么？是什么在来回走动？

除了各位的身体以外，还有过什么不是吗？

那不是大脑在运行吗？

因为有了大脑，所以做梦，这句话是正确的。我们的本性从人类的身体中发挥能力的话，确实需要大脑。但是悟道以后进入佛的境地，就完全不需要大脑。

各位做梦的时候，梦里有时候成为狗，有时候成为鸟。

成为鸟飞翔的时候，必须持有鸟的大脑才可以用鸟的身姿自由地飞翔。

成为狗奔跑的时候，也必须持有狗的大脑才可以用狗的身姿飞快地奔跑。

但是各位在梦里怎么像鸟一样飞翔，狗一样奔跑了呢？

那时候的各位是狗的大脑呢？鸟的大脑呢？还是人的大脑呢？

根据我们的本性造的同业，变成人类出生以后，同类之间相互发挥心的能力时，需要在这个业圈中使用的大脑，所以只是依靠大脑发挥心的能力而已。

从这个原理来讲，我们应该知道以后克隆人类也是可能的。

只要创造给具备这种技能的条件，有缘的佛性就会随着因缘进来。

创造出跟人类一样或更高技能的条件，佛性就会进入以后，自然而然做人类该做的事情。

各位，我再说一下，是身体指示你往前走或停下来或躺下而各位才走、停、或躺下了吗？

身体想要走、停、躺下之前，是心在指使走、停、躺下，所以你的身体才能走、停、躺下了不是吗？

这个是如同太阳下的影子自己不会动，只有身体移动才跟着动一样。

所以不管是狗的身体、鸟的身体、人类的身体，不管是狗的大脑、鸟的大脑、人类的大脑都是因为有了那个，也就是有了成为根本的灵魂—我们的心，才能可以活动。

因此灵魂是否存在的答案已经自明了。

我们为什么出生？为什么活着？

我们都是因缘的关系才出生的，并不是随便出生的。我们为什么成为人类出生的呢？又为什么不出生在美国、俄罗斯、法国、德国，而出生在大韩民国的呢？

因为跟大韩民国的人们因缘最深，才出生在大韩民国。

而且跟大韩民国的因缘深而出生在大韩民国，但是根据遇到的好因缘多还是坏因缘多，此人一生所有事情，或许会比别人更加顺利而幸福，或许事事不顺而不幸。

也就是说，前生自己种下了诸多好或坏的因缘，根据其中最强的因缘之力，出生在这里，接受过去的因果报。

然后根据祸福受果报。假如欠了命债，就为了偿还命债；欠了财物的债，就为了偿还财物的债；假如积善就为了福报，根据数不清的众多业缘，出生在大韩民国，而不是美国、俄罗斯、法国。

那么我们是为了偿还因果而生活的吗？

生死不是我们可以决定的。正因为随着因缘出生在这个世界，也就跟着因缘生活在这个世界。生活的过程中，根据过去自己造的业而受罪，根据过去自己积的善而受福报。

所以想知道这个人过去过的怎么样，看看此生过的多享受就知道；想知道这个人来生过的怎么样，看看此生付出什么行就知道。

那么我们的生活必然是没有目的的吗？

我们虽然是根据过去的因缘，来到这个世界接受各自的果报，同时也在造各种罪和福的过程中生活，但是如果每个人都有一个共同的目标必须要完成的话，那就是恢复自身的本然。

我们的本然是超越了善和恶，是没有苦乐和生死的存在。

但误以为把自己的能力当成境界，想要索取和贪婪，如此展开后有了生老病死。

所以我们要悟出自身的本性，恢复没有痛苦和束缚，没有死亡的，永恒的生命实体-本然才行。

我们一定要给生活找一个必然的理由，那就是恢复自己的本来面目，但是很多人却不知道。

对于这一点大家一定要觉醒。

在痛苦和束缚当中挣扎，又渴望着乐园一般自由的生活，既害怕死亡，又想永生。

即便是这样也不想知道，为什么变成了这样生活，怎样才能超越这样的生活。

只有悟出本来面目，恢复本来面目，才是我们所愿的永恒乐园，也是尽享永恒自由生活的唯一的路。

我是谁？

各位种下了能投胎于人类的许多因缘，并过去也做了许多能投胎于人世间的行，所以出生在人世间。

不是说这个如同天上的云忽隐忽现，宝石的光一晃而逝吗？原来是什么？

这个并不是任何模样任何颜色的存在。是超越了形和色的，没有生死的痛苦和一切束缚的，永恒的存在。

这种有可能存在吗？

如果有该怎么证明呢？

并不是说用眼睛看不见或用手抓不到就没有。

各位能说虚空没有吗？虚空是用眼睛看不见也用手抓不到的。但是如果没有虚空，各位能生存一刻钟吗？

不管是太阳还是星星，甚至比太阳更大的什么，都会有先后消失的时间差，但是终究会消失。

但是虚空是看不见也抓不到的存在，所以永恒。

无情当中，没有形和色而永恒的是虚空的话，那么有情当中，没有形和色而永恒的是心。因为心的实体是，超越了模样和颜色而存在。

都说人生是苦，那么苦又是从哪里开始的呢？

是的，人生是苦。虽然不能说人生千篇一律都是苦，但是人世间相对来说苦更多一点。

把人生当做苦来看的话，前生积的福不够出生在天上，因此出生在苦更多的人世间。

所以问苦从哪里来的话，就说是自作自受。

自己从前生开始侵染了坏的习惯，而且比起好多因缘坏的因缘种的更多，所以在这个世界上的所有事情都不会随心所愿。

如果随心所愿了就不是苦，正因为不随心所愿才叫苦。

不随心所愿都是因为自心养成的习惯和自心造的因缘受到的

果报。

所以即便是没有悟道，但始终以付出的心积德行善，将心比心的关怀别人的话，这人生是很有价值的。

即便是这样还是免不了生老病死的痛苦不是吗？

是的。能够解决这个问题的宗教只有是佛教。佛教是悟出真我，让人永生的宗教。所以佛教是让众生超越这个世界上所有痛苦、束缚和死亡而尽享大自在的唯一的宗教。

是否真的存在因果报应？

这个如同种庄稼。仓库里堆满粮食的人，会非常舒服的度过寒冷的冬天。因为春天播种，三伏天除草，秋天用心秋收了。所以冬天可以衣食无忧的度过寒冬。因果的道理也是一样。

正因为各位前生没有积德行善，所以今生多苦。

春天不播种，夏天和秋天光吃去年留下来的粮食而造恶业，到了寒冷的冬天，要么就成乞丐，要么就饿死不是吗？

也就是说，没有完全了解前生之前，现实觉得不公平是无法判断的意思吗？

是的。

很多人是坏人为什么过的好而感到委屈，其实坏人或许在这如露水一般短暂，不足百年的光景过的好，但是到了来生，必须生活在自己造的业几倍的痛苦和束缚当中。

因果报应是必然的。

我没有打对方，对方能打我吗？

我没有让对方难受，对方有可能跟我惹是生非吗？

是啊，这种事情也有。

虽然可能有，但是从长远的角度上讲，那也是前生结下来的因缘。

这个是不是太过于宿命论？那么我即使遭到别人的侵害，也是因为前生的因缘导致而要忍受这种侵害吗？难到坏人做坏事，我们相信他来生必定受到果报，而置之不理吗？

不是那样的，正因为这样史需要宗教。

不管那个人对你怎样使坏，你都要用善行引导和理解，走上正道。这样将来遇到的因缘都是好的因缘，将来也会越来平坦，更加幸福。

这岂不是太委屈了呢？难道真的不想报复给自己带来不幸的这个人吗？

冤冤相报何时了？即使现在我有力气能报仇，那么那个人也必定会以仇报仇心更强烈。根据这强烈的心，下回还会碰到，碰到的时候，相互间的恶缘又重复。

所以即便是对方侵害了自己，也应该宽恕，并好好引导的就是宗教。因前生的因缘遭受到不合理的事情，也应该要好好的解决。这样近则今生，远则来生即使再见面也会平平安安。

是否存在前生和来世？

前生和来世是必须存在的。不会有没有昨天的今天，也不会有没有今天的昨天。

而且既然有了今天，那么不可能没有明天，有了明天，就不可能没有今天。

前生并不单单指受身之前，来世也并不单单指身体灭亡以后。

这个身上也是，昨天就是过去，也是前生；此时此刻即将面临的是来生。

看的远近有所差别，其实道理是一样的。哪怕是我们生活在非常短暂的瞬间，都在过去、现在、未来里生活。

如果能在没有过去、现在、未来的境地中存在，这才是永恒的现实中生活的本然的存在。这才称得上悟出以后完全恢复本然的生活。

死了以后身体变成了土，这样一切都结束了吗？

有了现在就必定会有未来。没有现在才不会有未来、没有未来才不会有现在。

如同有因就有果一样，有了现在的各位，必定会有未来的各位。

昨天的各位存在，才有今天的各位存在不是吗？没有昨天的各位存在吗？正因为今天各位存在，所以明天各位也当然存在。出生和死亡也是一样的。

有出生就必须有死亡，有死亡就必须有出生。所以不可能存在大家认为的结束。这是因为大家误以为把这个躯体当成真正的自己才会问这样的问题。

这个躯体怎么可能是各位呢？

各位提问时，先有了想要提问的想法，才可以开口提问的，而不是先开口以后才有了想要问的想法。各位想要问我的这个实体，有还是没有模样呢？

各位去某个地方的时候，还没有走的想法，脚却自己一步一步走过去了吗？

是各位有了想要去哪儿的心，这个躯体才跟着这个走不是吗。如同人移动了影子也跟着移动，不可能影子移动了人就跟着移动一样，这是非常分明的道理。

那么到底哪个是真的呢？不是影子，人才是真的一样，不是躯体而是这个心才是真的。躯体只是跟着这个心的指示行动而已，怎么可能这个躯体就是各位呢。

看看这个心的实体吧。

这心的实体不会有死亡的。

没有形于色的这个存在，也就是移动这个躯体的真我是不可能消失的。所以绝对不消失，跟着自身造的业，像水车转动一样，在六道上轮回。

并不是死亡了一切就结束了。也并不是死亡了能解决一切问题。虽然尘归尘土归土，但是各位所说的灵魂是跟着自己造的业，又回到三界継续轮回的。

是否存在极乐和地狱？

当然存在。

极乐是悟出所谓的我并不是这个躯体，而是心的实体，并完全恢复超越一切善恶的本来面目。

没有生死也没有束缚的这种生活，也就是心随所愿的世界就是极乐。所以想要尽享极乐世界，一定要悟出自己心的实体才行。

反过来，作为人如果没有积德修善，始终让对方难受的话，这个人本身就是地狱。不管出生在任何地方，此人的出生之处、此人的生活之处就是地狱。

因为没有一丝好的因缘，这个人面对的因缘都是坏的因缘。

即便是出生在人间，也是地狱。逢人、逢事都不顺心，没有一事成功。

逢人都会被憎恨、受压迫，逢事都会以失败而告终。

投生在畜生道后也如同地狱。每逢遇见的对手都比自己强大，所以经常被对方压迫或吃掉。

哪怕是去地狱，也会去一日一夜万死万生的地狱。这种地狱是，在熔炉里刚被烧死就马上化现，化现后又被扔进熔炉里再次烧死的地狱。

我们死了以后，跟生前的因缘也有关系吗？

跟生前的因缘継续结缘下去。

如同我们出生在大韩民国也不是偶然，而且即便出生在大韩民国也不是都能见面，而是跟有缘的人们在一起相逢，结缘就是如此。

来世不管是受到畜生的身，还是受到人类的身，全部都是物以类聚的方式相逢。作恶多端者们受到畜生报就堕入畜生，受到饿鬼报就堕入饿鬼，受到地狱报就堕入地狱。

因为造的是同业，所以堕入到同样的世界。

堕入到同样的世界里面，也跟自己因缘最深的人彼此相逢。

就像我们即使出生在大韩民国，也不能都认识大韩民国的人。只有与有缘的人相识并过一生，不管是畜生、饿鬼、地狱都是因缘比较深的聚在一起。

因缘如同磁铁和金属，不管是好的因缘还是坏的因缘，必须是因缘深的人之间相互重逢，所以所有的因缘应该用善缘来解开才可以。

心是什么？

现在谁在提问题呢？是心在提问而不是这张嘴或这个肉身在提问不是吗?

看过停止呼吸的尸体提问的吗？

死了就成了尸体。尸体是水和土的和合。

活着的时候，水和土加上有体温的火，以及呼吸的风，四个要素加在一起，成为人的身体运用，但是死亡以后就剩两个要素了。

难道那个就是各位吗？

不是。

是提问的这个心就是各位。

但是各位，有没有一次真正的想过这个心到底是什么？

佛陀曾经说过：很多人是把仆人当成主人，这个世界是颠倒的世界。

心才是真正的主人，并不是这个躯体。但是很多人把这个躯体当成主人活在这个世界不是吗？

心既然没有模样，怎么会被身体所束缚呢?

因为误把身体当成了自己，所以被身体所束缚。能把心当成自己生活，并成为日常，就绝对不会被身体所束缚了。

但是已经彻底把身体当成自己而生活，所以有了束缚。

昨天晚上做梦时，梦里的身体是不存在的身体，却在梦里遭到痛苦的事情时感觉到疼痛。

梦里身体是不存在的身体，为什么那么痛苦了呢？因为在梦里，认为梦里的身体一定存在。

当你醒来的时候，那个身体是否真的存在呢？不存在的话，没有理由被那个身体所束缚而痛苦不是吗？

但是梦里却被身体所束缚痛苦了不是吗？跟它是一样的。

那么我们在梦里确信此身是自己，所以有了痛苦一样，我们的心本来没有模样，却被身体所束缚，也是跟它一样的吗？

是的，一点没错。本来不可能被束缚，但是自认为身体就是自己，所以被束缚。

我们在累劫的岁月当中，已经彻底习惯了身体就是自己。假如梦中彻底明白了梦中的身体不是真的存在，还会被梦中的身体所束缚而痛苦吗？

不会那样的。如此这般，虽然受了欲界人类的身体，但是要悟出心的实体才是自己，并彻底的成为日常，就不会被身体束缚而痛苦了。这就是佛陀的生活也是极乐的生活。

怎样理性化的调整感性？

感性带有冲动的性质。不管处理什么事情，与其冲动的情况下感情用事，不如在理性的状态下，重新考虑以后处理才对。

生活在这个世界亦如是。如果离开了理性而生活在感性，会渐渐变成了冲动的人。

不管做什么事情都要再三的考虑，什么是对，什么是错，怎样做才能更好之后行动才是明事理的人。

不过，人们也会把感性的东西美化。不管是艺术还是别的，都把心里的一切感性认为是美丽的东西而追求不是吗？

你是说艺术是感性的是吗？不是的。

倾向于感性的时候，只不过是自己被陶醉罢了。

通过什么样的行为表达出自身的内心世界，让别人接受以后产生共鸣，并且能共有才是艺术。

如果不能与人们产生共鸣，不能共有，就不能算是艺术。

而且引向更好的世界中，能产生共鸣、共有才是真正的艺术。

但是也有人说，完全陶醉在自身的内心世界，并如实的表达出来就是真实的艺术。

陶醉在自身的内心世界并如实的表达而已，却自然能与别人产生共鸣并共有的话，这人是天才。如果不这样，已经是给很多的人看和给很多人感觉之中进行，所以不能说跟理性无关。因为应该让更多的人，品味和体验并享有更好的世界。

但是，现在的人反而说"不要束缚在道德和观念，跟着你的心生活才真实"。

真正自己自由自在的生活，却没有妨碍别人自由自在的生活，那样的生活就是极乐。

这样的生活是真正的自由民主主义。

但是，如果跟着自己的心自由自在的生活，却妨碍别人自由自在的生活，就不是自由民主主义了。这样会引起争端或战争。小的是个人之间的争端，大的是国家之间的战争。

怎样才能降伏贪嗔痴，使心灵得到平和？

首先让别人得到平和，我心才能平和。

当我先平和的善待对方的时候，对方也会用平和的态度，平和的眼神，平和的心对待我。所以我也变成平和。

我再说一下，这个社会不是一个人的社会。所以我经常劝别人记住以下三个信条。"我认识我自己吗？""正确的事情上能否初志一贯？""对所有的事情是否有忍耐心？"

因为是共融的世界，所以每件事情都忍耐和理性中应对时，这个社会才运转正常，成为正确的社会。并且这个时候才能得到心灵的平和。

但是很多人认为这是损失。

把这个当成损失是错误的。放在仓库里的种子，春天种下去的时候，那是扔掉的吗？为了得到百粒、千粒，所以把这一粒撒出去。

如此这般，我经常善待周边所有人，给予他们方便的话，我一个人对待一百人，那么一百人也会喜欢我并跟随我。最后跟我周围的所有人都能结成好的因缘。这个时候我的心也平和。

怎样解开难解的因缘？

因为是前生开始种下的恶缘，因此有了这样的结果。

所以即便是恶缘，也不要以恶对恶，还是想"这是我在前生种下的因缘，所以导致这样的结果。都是我的错。如果前生不造恶缘，怎么会这样呢？"放下以后，始终抱着宽容的心态对待周边的那个人吧。

大韩民国有句俗话叫"笑脸上面没法吐口水"、"连续的请求下没有拒绝的人"。像这句话一样，即使有人对我10次的冷眼相待，我还是第11次善待他，这样恶缘也会变成善缘。

虽然不是很容易的事情，但是我们也能碰到这种方式把恶缘恢复成善缘的例子。

那么明知道对方的行动是错误的，还纵容不是助纣为虐造同业吗？

被对方牵着鼻子同流合污和把对方的因缘用好的方法解开是不一样的。

打个比方，处理某件事情的时候，如果对方想不公正对我时怎么办？

已经受害而无法挽回的时候，与其说"你是坏人"等埋怨和诅咒，不如让对方明白，我明明知道我已经受害了，可还是善待对方。并且已经非常了解这个人，为了下回不受害，要彻底的准备。

如果对方现在想要这么做的时候该怎么办？

一边彻底的准备不受伤害，一边还要善待对方。那么这就随时需要智慧。

放任别人犯罪也是一种罪。比如始终把门锁好就不会被盗。但是有一天没有锁门就出去了，恰巧乞丐为了乞食，进来看见屋里没有人，就把东西偷走了。这就是你没有锁门，给了乞丐偷东西的条件，所以也是有罪的。

要想不犯这个罪，平常自己也要把门锁好才可以。如此这般防范于未然的基础上，智慧的生活才可以。

另外快要饿死的人，他们很难不去偷盗的。所以为了不让有饥饿的人存在，个人或社会团体，应该力所能及的经常帮助他们才可以。

暂且抛开个人的因缘，在社会正义的角度上，这个人必须要受到惩罚，但是即便是这种情况下，为了变成善缘，而置之不理吗？

作为构成社会的一人，该惩罚必须要惩罚。一罚百戒才不让别人犯罪。但是应该用国家的法律，处罚机关来做这些事情才行。

不过作为宗教团体，应该连这些人都要从内心善待并引导才行。

存在永恒的吗？

当然存在永恒的。

之前也说过，凡是有形的，无非是哪一个消失的快，哪一个消失的慢的区别，但终究一定都会消失。

但消失也并不一定完全消失。这儿消失了多少，那就在因缘条件具备的地方重新形成多少。

但是没有模样的是，如同《天符经》里说的一样，本来就不生不灭，不增不减。

虚空不也是这样吗？因为没有模样的存在，想消灭也不可能消灭。

哪怕是全世界的核武器，全部聚在一处爆炸，把整个地球瞬间毁灭了，但是不可能消灭一点的虚空。

所以说在无情当中虚空是永恒的，在有情当中我们心的实体是永恒的。

不过说的再深一点，虚空也是从心的实体开始的，而并不是在心外的。

神是否存在？如果存在，那么神到底是什么？

特定宗教上信奉的，唯一的绝对神是不存在的。

但是很多人却不这么认为。他们总以为有一种，非常灵验的、无穷力量的、绝对神是存在。

当然我们认为的持有无穷力量的存在者，生活在我们肉眼看不见摸不着的世界里。

例如，欲界和色界里也有治理那个世界的存在者。他们作为那个世界里威望最高的存在者，引导着那个业圈的世界。如同人世间有国王或总统引导那个国家一样。

不过他的能力也只不过是超越普通人类的思维而已，特定的宗教里信奉的那样，可以左右星空运行，左右人类的幸福和不幸那样的唯一的绝对神是不存在的。

以为存在特定的神，并且想要依靠这个特定神，求得自己的平安和幸福是大错特错。因为他们从自己的内心之外寻找自己的幸福和不幸。

在地上摔倒的人必须撑着地站起来，不可能扶着虚空站起来。如此这般，我们的不幸来自于我们的用心不当，并不会因为其他外来的东西而改变。

正因为我们忘却了永恒存在的本性，用心不当，才展开了六道，成为了苦海。所以必须要悟出本性，把本性本来持有的智慧和能力自由自在的发挥后尽享才可以。

只有这样才能找到幸福，而不是依靠内心之外的特定神来成就幸福。况且左右人间幸福和不幸的神不存在，也不可能存在。

那么，即便是神存在，那也不是别的，而是更能发挥本性能力者吗？

是的。一切众生本来都具足相同本性，就看谁先挖掘这个本性的能力，并更加充分发挥，那么他就能称为超灵的存在。

但是左右宇宙创造，左右万人幸福与不幸的，唯一的绝对神是不可能存在。

所有佛性中，造了同业的佛性，相聚在一起形成的业圈就是宇宙；同样业圈当中，业更相同，因缘更深的生命又聚在一起，根据自己造的业，受到果报中生活的，就是我们这个世界。

宗教对于人类来说一定是必要的吗？

绝对必要的。假如没有展开真理来引领，并积德行善于这个世界的宗教作用，那么人类将会越来越落伍，越来越走下坡路。

因为我们人类生活的这个欲界是被贪、嗔、痴，深深污染的世界。但是宗教却如同莲花，出淤泥而一尘不染，虽然出生在世上，却不被世俗所污染。

生活在这个世界上，宗教始终发挥着，劝导人们积德修善的作用。

不让这些断裂，継续维持和发展中，常常让人们付出于社会的就是宗教团队。

所以宗教或宗教团体必须在这个世界存在才行。

死亡以后也有思想和宗教吗？

人死亡以后，大部分49日之内就会重新受身。如果受到了人的身，当然生活在有思想或有宗教的人世间。

即使受的不是人身，而是畜生、饿鬼或地狱众生的身，也不是跟宗教没有关系。虽然到了人界，才能根据宗教得到救度，但是这个度是，畜生、饿鬼、地狱众生也都涉及。

在佛教里，佛法高深者，可以用观行，给那些无主孤魂、畜生、饿鬼众生、地狱众生传达祈祷和法门。

通过荐度斋、49斋、放生斋，超度地狱、饿鬼、畜生界的唯一的宗教就是佛教。

再举一个例子，人养动物时，如果主人心地善良，那么这个动物就跟主人结下很深的善缘，即便死了以后，也会跟随主人重新出生。

如果这个善良的主人有法力或有正确的信仰，并且修行很彻底的话，这个动物始终跟着主人出生后，终于就上升了。

所以在真正的真理或宗教，或真正悟道的人或正确信仰的人而言，没有生死的境界。

超越了生死的境界，不仅能阻止向更低的业圈里堕落，而且能让其上升出生在人世间，最后引向悟道的境地就是佛教。

不同宗派的宗教人士们为什么相互诽谤呢？

各宗教内也有诸多宗派。

基督教内也有宗派，佛教内也有宗派。

各宗教内的宗派之间斗争是不对的。这个好比是本是同根生的兄弟相互指责，相互打架一样。

所以不管是基督教也好，佛教也好，宗教内的宗派之间，应该彼此尊重，彼此包容，不应该相互诽谤。

我的援助之手达不到的地方，别人伸出了善意的援助之手，为什么要诽谤呢？

我的援助之手达不到的地方，别人伸出了援助之手，往好的方向发展时应该称赞、随喜才对。不可以相互诽谤，相互拆台。

但是宗教和宗教之间就另当别论了。

比如，设定一个唯一的绝对神，驱使人们相信带有迷信色彩的宗教是错误的。我们应该用合乎道理的话来说服世上的人，不要让他们相信带有迷信色彩的宗教才对。

只要是21世纪的人们，都能心知肚明，什么样的宗教是带着迷信色彩的宗教。

合乎科学或道理的是我们可以相信，但是如果相信的是悖乎科学或道理的，那就是迷信。

话虽如此，但还是不太明白是非的标准。比如说特定的宗教，反而说的是，超越了科学和道理的地方，存在宗教。

所以应该好好的思考，他们说的话是否可以接受。

佛教也好，基督教也罢，不管是什么宗教，现在是21世纪的文明时代。

人工卫星都到了火星，土星。在这种时代里，不合乎科学和道理的宗教，只能说是迷信。

反过来，这种最尖端的科学时代里，从数千年前开始传下来的教理，丝毫不违背科学和道理的话，那么这种宗教我们不得不相信不是吗？

把这个好好地辨别后信仰才是正确的信仰。

狂信徒和笃实的信徒有什么区别？

有人说是笃实，但也有人说是深陷不能自拔。以什么为标准呢？

假如符合科学和道理的基础上信仰，那么这种信仰反而陷得越深越好。况且这并不是深陷。

盲目的信仰与追求真理的信仰是不一样的。没有正确理解而深陷其中的就是盲信。

宗教的角度上最不可取的就是盲信。

有没有能区别的方法？

跟那位宗教人士对话就能明白了。假如跟那位宗教人士对话的时候，看看是否合乎科学或道理的基础上信仰，并且宗教的角度上劝导他人时，看看是否稳重和慎重的基础上理性的劝导。

更何况，教导真理的人而言，我们更应该慎重的观察，这人是盲目还是理性才行。

什么是正道，什么是邪道？

合乎科学和道理的基础上，让我们的人类社会正确的运转下去，并且引领人类成就更好的生活是正道。在这个基础上更进一步引领他们能够永生。这就是正道。

但是就世人的角度而言，深深进入宗教的真理中说出的话，反而也有没道理的。

所以真正能用宗教引导众人的指导者，必须要通达一切道理。

把所有的真理，用语言表达出来，不管是怎样反对当事人的宗教和真理的人，都要给予理性的说明，如有能力接受的人，都要让他们在可以受用的基础上说服才行。

假如即便是问"灵魂是看不见也摸不着，该怎么相信它的存在？"你也要像我前面所说的那样，把看不见也摸不着，却存在的虚空的比喻来跟他说。或者跟他说"昨天晚上你睡觉的时候，在梦里到处行走的是谁呢？你的身体虽然躺在床上，但不也行走了吗？那是什么？"

举出这样的比喻，引导他重新思考。

如此这般，把正道和邪道也充分说明，让他们理解才行。

基督教讲的是神，佛教讲的是空。按照基督教的教义，我们信奉耶和华就可以了。那么按照佛教的教义，人生如梦的话，有必要活的那么正直，那么热心吗？

这是不合乎道理的。只有死了才能受到神的保护和恩惠是一派胡言。如果死了能受到保护和恩惠，那么生前也应该受到保护和恩惠才对。信奉基督教的人，生前如果偷盗或杀人了，难道就不受惩罚吗？不是那样的不是吗？

如果全知全能的神，真的存在的话，应该阻止这个人，此生不让犯罪才对。

而且即使这个人已经犯罪了，也应该用全知全能的能力救度才对。神既然有能力只有相信自己的人，死后可以上天堂永生的话，为何不给活着的人发挥这个能力呢？

所以只要信神，就能上天堂的话是不对的。

佛教讲一切都是空，人生如梦。

那是理解错了这个"空"。佛教讲的这个"空"是指，看不见也摸不着的，我们心的实体，并不是人们想的，什么都没有的"空"。

不然的话，佛法不可能讲妙有。的确空里有妙有。空里有妙有是如同虚空里什么都没有，却能下雪、下雨、有雷声、刮风，还可以形成高气压和低气压。

没有模样和颜色的虚空中可以产生模样、颜色和声音一样，现在我们看不见也摸不着的心的实体，在发挥一切的思维不是吗？昨天晚上梦中，自己可以做出所有的东西，时而变成狗，时而变成鸟不是吗？心是本来具有这种能力的。

所以佛教里讲的"空"，理解成没有的"空"，那是还没有看懂佛法。

心的实体的"空"，其中的妙有，实在是无穷无尽，如恒河沙一般无法数清。

概括就是一切唯心造，没有一个不是从 "空" 中的妙有形成的。连这个宇宙也是从"空"中的妙有形成的。

那么我们这种人生，不是很虚妄吗？

丝毫不虚妄。因为根据活的多么真实而决定着来生。是堕落到地狱、恶鬼、畜生还是上升进入到天堂、极乐，都是根据你在这一生过的怎么样而决定的。

而且积福、行善而净化内心、来生享福，更进一步悟出心的实体，得到永生也要根据此生过得怎么样而决定的。

即便这样，佛教不也说这个人生是虚妄的吗？

所谓虚妄是因为，把身体当成自己，成为身体的奴隶生活，才称之为虚妄。

眼睛想要好看的都给看，耳朵想要好听的都给听，鼻子想要好闻的都给闻，嘴巴想要好吃的都给吃，身体想穿柔软的都给穿，为了满足这些要求，造很多罪不是吗？

这都是因为把身体当成自己，所以才那么做的。只能成为身体的奴隶中造很多罪，说成了虚妄。

谁都想过的好，过的幸福。但是不知永恒的本性实体，误把身体当成自己，不相信来世，成为身体的奴隶而造罪中生活下去，最终堕落而受尽所有的痛苦。这是多么虚妄的事情啊。

佛教是为了悟出现在看、听、思量的这个实体是什么而修行。如此修行之中实践造福、积德、行善，此生让这个社会上所有的人，相互和谐，得到幸福而贡献，最终悟出后尽享永恒的生活，并不是讲了虚妄。

那么当人们说人生虚妄就是把身体当成了自己而说出来的所见而已吗？

是的。以为身体就是真正的自己，任凭身体的喜好中造罪，认为身体灭亡了自己也没有的时候就是虚妄。

佛教有句话叫唯有业随身。也就是说我们死了以后，没有模样和颜色的心，只带走没有模样和颜色的业。心带走已经成习惯的福祸业以后，来生遇到自己种下的因缘，受其果报。

正是因为不知道以上说的道理，平生只做身体的奴隶，以为死了就什么都结束，就说虚妄。那个才是虚妄。

只要相信宗教就能去天国吗？

这是严重错误的教理。不管是信奉哪一种绝对神，只要是犯了罪，就必须要付出代价的。

虽然不是谁在强求付出代价，但也不是不想接受就不接受，如同磁铁吸金属一样，自然而然要付出代价的。

所以不管你是基督教徒还是佛教徒，不管你是信奉耶稣还是信奉释迦牟尼，信奉宗教就能上天国是错误的言论。

佛教有句话叫自作自受。自己种的因，必定是自己受到果报。

所以必须实修实证。一定要真正的悟出，真正的修行才行，不可能信奉宗教了，即便是犯罪、造业也不受果报。

佛教说念阿弥陀佛就往生净土极乐世界，念观世音菩萨就免
一切苦厄。这是什么意思呢？

这是错误的认识。是老师教错了。

一直虔诚的念阿弥陀佛，时常忏悔前生开始所犯的罪，这种
人能会犯什么错？

这句话是，虔诚的心念阿弥陀佛，以皈依生命根源的心来修
行；始终忏悔不造业，只做善行，就能往生阿弥陀佛创造的极
乐世界的意思。

但是如果没有悟出本性，即便出生在极乐世界也不会是极乐
世界的上品。出生在下品后，在阿弥陀佛的无量寿阁里始终听
法门，最终达到上品，才能悟出心的实体，享受自性极乐。

其实阿弥陀佛创造的极乐世界，也是究竟回归自性极乐上。
所以佛法刚开始就说，真正的极乐是，悟出自己的本性，消除
所有造的罪业，进入没有生死、痛苦、束缚的境地。

这么说，即使是念阿弥陀佛，最重要的是应该以什么样的心
来念阿弥陀佛，是吗？如果只求自己的贪欲而念，就没有效果
的意思吗？

是的。所以这叫空念佛[1]。即使长时间的念诵也没有一点效

果，也不可能往生极乐世界。

其他宗教说，只要信奉就能上天国，不信奉就下地狱。这个跟佛教说的完全不一样。应该正确的跟随教导，实修实证才能往生极乐世界。

那么祈祷的灵验是什么呢？

之前也说过，祈祷受加被是跟释迦牟尼佛或观世音菩萨、文殊菩萨、普贤菩萨等佛菩萨的感应过程中形成的。

佛菩萨们都是悟出了心的实体，消除了所有的业，具备了六神通的能力。

具备六神通者，即使对方不说话，也能把对方所看、所听、所想，都知道的清清楚楚。

自性的能力就是这样无穷。这就是所谓的全知全能。我们的心才是全知全能的，并不是另外存在的神的能力全知全能。

自性的空中有妙有，如同虚空神奇地制造雷鸣、闪电、云、雨、雪一样，妙有能制造一切。

昨天晚上的梦也是有了这个能力才做出来的。佛菩萨们只要有这样的心，就有能力能随心所欲的实现。

有些人在这个世界上，想要完成什么事情的时候，出现各种

1）空念佛：大韩民国所用词语。没有信心而光用嘴来念佛的意思。

障碍是因为前生的恶缘造成的。佛菩萨就是用全能的能力阻止恶缘降临，使祈祷人的意愿能实现。

但是佛菩萨也不可能帮他人消除前生造的恶缘，这个恶缘的债最终还是自己要还。

就是说，自己造的罪必须从心里面真正悔过后才可以消除，佛菩萨是不可能会代替他人消除的。

佛菩萨如同磁铁吸金属一样，可以阻止恶缘暂不让降临，来完成他人的意愿，同时劝祈祷人以善回向恶缘，引导善的方向。

这就是祈祷的灵验。

那么即使是忏悔也不能消除罪业，该受的果报都得受是吗？

也不能完全那样说。因为可以把果报往好的方向回向。

比如，相互有恶缘的人，马上就要刀光剑影，面临血光之灾时，圣人就有能力阻止后往好的方向回向。

佛菩萨以大慈大悲的能力，可以减弱他们恶缘的果报。但是这个也是，让犯了罪的人，以忏悔的心回向，让想要报仇的人，以宽恕的心回向，致使让他们自己解除恶缘，并不是佛菩萨代替他们赎罪业或者免除罪。

犯了错的人，让他虔诚的心请求原谅；原谅别人的人，让他以大乘的心接受原谅，使之自心造出来的，以自心来解开，最终让他们解开所有的因缘以及因缘所引起的果报。

不是大乘的目的，而是从个人的目的出发，只要非常虔诚的祈祷，也能受到加被达成所愿，真的是这样吗？

虽然可以，但也不是那么容易达成所愿的。祈祷的人群当中也是最虔诚的人受到加被。如同有七个孩子，每个孩子都需要帮忙，这时候根据哪个孩子最虔诚，最需要帮忙，就先帮他一样。

是否真的存在超自然力？如果存在，跟迷信有什么区别？

超自然力是存在的。佛菩萨具备了天眼通、天耳通、神足通、宿命通、他心通、漏尽通等神通力。所以一个人有真切的愿望，并且有着能让佛菩萨感应的虔诚的精神，这个祈祷一定会灵验的。

如同东方升起的太阳没有区别，但是最高峰最先被照一般，最虔诚祈祷的人，最先被菩萨加被并最先救度。

我们把佛陀的六神通最缩小后而持有的。

那就是用眼睛看、用耳朵听、用鼻子闻、用嘴尝、用身体触觉、用意识分别的六种。

如果能进入到把六种能力自由自在的应用的境地，也就是说，悟出没有里外的真我，消除所有业，成就六神通的话，以现在的心，想喜马拉雅山，它就能进入你的心里，想尼亚加拉瀑布，它就进入你的心里一样，心想事成。

心就这样广大。

都说心是小宇宙，其实宇宙也在这个心里面。虚空也在这个心里面。这种话也许大众很难理解，只有悟道的人才能明白，但是每个人都持有这样的心是无法否认，不是吗？

说是每个人都持有这样的心，那么这样的心是什么样的心呢？

心是没有模样也没有颜色的。这是谁都不可否认。

因为没有模样和颜色，所以没有里外，因为没有里外，所以只能无限。

所以用这个心，看喜马拉雅山或尼亚加拉瀑布的话，它们都进入到心里面。因为心发挥了全知全能的能力，所以能看的见它们。

不管过去、现在、未来，也不管距离，想要看就能看得见就是天眼通。天耳通也是这样。不管过去、现在、未来，也不管距离，想要听就能听得见就是天耳通。

不管是过去、现在、未来都了如指掌就是宿命通。

能清楚地知道别人的心灵就是他心通。怎么会这样呢？

心是没有模样和颜色，也没有另外单独存在的空间。没有所占空间而相互相即。如同一百个灯照耀房间的时候，相互没有挂碍的融在一齐，也没法分开地照耀一样。

悟出以后，实际境地中，知道这个道理而应用的话，既是神通也是能力，但是不知道这个道理而应用，或者恐惧这种能力而信奉的话，这就是迷信。

是否存在四柱八字？

假如命运存在，那么自身的意志或努力没用，是吗？

与其说是四柱八字，应该说，根据前生种的因缘，今生受果报生活；根据今生种的因缘，来生受果报生活才对。

根据春天我种下了多少种子，夏天付出了多少汗水，秋天才能获得多少果实；根据秋天获得了多少果实，决定冬天的温饱。

在这个基础上说四柱才对，不能因为你出生在某年某月某日某时，所以用卦算出来后，你的命运会是这样或那样。

根据某个人前生结下什么因缘决定今生的生活，非要用八字来命名的话，这就是八字。

　　但是即便是艰苦的生活中，始终忏悔前生，用内心和行动，放下自己而付出的话，减少前生的业，也许能成就更好的生活。

　　那句话就是未来不是注定的，是吗？

　　未来是根据现在怎么过而决定的。就是说，想要了解来生，看看今生怎样过就知道。

　　如同想要知道秋天谷仓里存了多少粮食，就得知道春天种下了多少好的种子，炎炎夏日付出了多少汗水一样。

　　根据自己的意志和努力命运也变化是吗？

　　是的。一切都是自作自受。我种下的因必须我来受果报。这就是佛教的原理。

世间为什么不公平？

有的人不努力却顺利，有的人努力也不顺利。这是为什么？

这是因为，我们用短浅的眼光，只看到眼前的事情导致的。

要是一下子看透了前生、今生和来生，就不会说是不公平了。

如同春天不播种，炎炎夏日不劳累、不流汗，到了秋天还说"别人家的谷仓都是满满的，我的谷仓为什么是空的？"一样。

前生他种下了这样的因，所以今生受到这样的果报。

所以应该幡然醒悟后，今生努力行善，多积德才行。

那么，今生即使努力也没用吗？

不是。只要努力的话，就算是恶缘，也可以改变成好的因缘。一次不行就两次，两次不行就三次，即使不断的受到压迫，也心甘情愿的接受并理解，用善心回向，对方不会一直恨下去，最后反而会跟随我。

像这样，劝大家把所有因缘和事情化开的就是佛法。

神如果存在，为什么不管世间的恶呢？

如果说有某种神，能左右人的命运，这不是正确的宗教。因为一切都是自作自受。

如果有因果报应，为什么不按因果报应运转下去呢？

因果报应是丝毫不差的，准确的流转下去。很多人认为，当下我做了善事，为什么马上看不到结果？其实这个结果，有时当场出现，有时过后才出现。

做一下当场就能得到结果的善事吧。

一个人摔倒时候，马上扶他起来，再给身上的灰尘拍一拍，恐怕没有人不感谢你。这就是当下能得到的结果。

但是，此生做了一点善事就说"我做了善事，为什么我的人生会这样？"这个如同是，春天一边把种子撒在田里一边说"这个粮食怎么还不进到我的谷仓里"是一个道理。

这个如同，前生、前前生没有种福德和善因，今生的短暂的努力，做了一点善事，就想得到好结果。

但是，也不能抱着"得过且过算了"的想法而随便生活。

要想来年谷仓里堆满粮食，就必须春天多撒种子一样，现在虽然过得比较困难，但是始终抱着善良的心，做善事、修德，一定会有好的结果。

那么应该怎样种福德呢？

并不是有钱才能布施，没有钱就不能布施。

当一个人拉着沉重的车，走上坡路的时候，可以在后面推一下；当走路不便的老人，上楼梯的时候，也可以搀扶一下。这些都是不用钱也谁都可以做得到。在这个力所能及的范围之内，完全可以做很多善事。

即使现在多么困难，但始终这样坚持的话，好的结果一定会到来。就是说得福报的时期一定到来。

但也有听说，本想帮助他人，反而却和他造同业，终究同堕地狱。该怎么区分才行呢？

也有这种可能。比如邻居过来说，需要切菜，想借一把刀，处于好心，把刀借给了邻居，而邻居却拿着这把刀去偷盗的话，这个时候就造了同业。

这件事情上，10分之3是借给刀的人，10分之7是借刀的邻居受果报。虽然是处于好心借给了他，但是因为造了同业，同样受果报。自己也完全不知道的情况下，也会犯这种罪。所以这些事情，只有预见未来的人，才有可能避免。

未来可能克隆人类，那么克隆我的话，哪个身是我呢？

　　完全可以克隆。从我一个人身上提取的DNA也可以克隆一千个身体。但克隆出来的身体也许一模一样，可灵魂是不一样的。只是有了条件，灵魂进入而已，并不是跟自己本性一样。

　　所以还没有出现克隆实验之前，我多次说过，可以克隆人类。完全可以克隆的。只要具备了自性进入的条件，它就可以。

　　一个男人所有的末梢神经都跟睾丸连接。全身的精髓都是通过睾丸，这个精髓没有来到睾丸的指定地方之前，没有具备成为人类的灵魂。但是通过指定的地方时，灵魂也一起进入。因为已经具备了进入灵魂的条件。

数千万数亿的生命进入以后，最强的因缘可以着床。

人类是唯物论主张的那样从物质开始的呢，还是创造论主张的那样创造出来的呢？

这个世界是，从最初的无明开始展开的。

我们在禅定中可以看到银光、金光或透明的光等等许多光明。这都是自性的全能的能力发出的光，如同宝石发出的，七彩之光一样。

宝石遇到因缘，虽然能发出七彩之光，但这个七彩之光并不是从宝石的外部来的。石头上再怎么照射光，它也发不出七彩之光。这个七彩之光是宝石本来具有的能力。

并且宝石发光时，宝石和宝石发出的光是分不开的一样，自性和自性本来具备的能力发出的光，也是分不开的。

不过，自性即使不用外部的因缘，只用自身的能力也可以发出光，这一点跟宝石不一样。

这样自性本来具备的能力发出的光，也如同跟宝石的光一样，分明不是从外部来的，但是误以为这个光是从外部来的，所以自性喜欢这个光，想要贪取这个光。

梦也是自性发出的光，昨晚我做的梦和我并不是分开的境界，但是梦里误以为是分开的境界一样，自性把自己发出的光，误以为是外部的境界。

这样，自性和境界分成内部的能所，分开后的状态下想要索取，这种想要索取的程度越来越强烈，达到极致，最后正要索取的瞬间，变成了相，反过来自性依靠这个相。

从此展开外部的能所，依靠这个相的行为变成了业，根据这个业出现了各种现象，展开了欲界、色界、无色界等三界。

自性就是这样不可思议。一个针尖都立不起来的地方，却能展开三千大千世界。

如同昨晚梦的世界是，连一个针尖都立不起来的，潜在意识中展开一样，并不是向外展开，也不是在里面形成。

没有展开也没有形成，却依然存在就是"无为之为的世界"。

宇宙是怎样形成的呢？

不管是有情还是无情，太初都是化现出来的。

如同昨天晚上的梦里化现一切形象一样化现。虽然不起一念而称之为无情，但也没有完全的无情。

因为是心外无物。所以除了心外，没有别的任何东西。

正因为自性被无记所习染了，根据被无记所习染的业，化现成无情物。

所以形成宇宙的六个元素地、水、火、风、空、识，这并不是人们认为的，已经变成形象的地、水、火、风、空、识。

形成这个形象的根本是这六个元素。这个根本元素并不是别的而是没有形象的自性的能力。

根据这个自性的能力，一切变成了形象化，所以叫一切唯心造。

本来没有形象，但是怎么形成的呢？想一想昨天晚上梦里的水和火吧。

梦里看见的水和火，醒来以后它有形象吗？

昨天晚上，梦里吃过的饭，是否真的存在呢？

但是昨天晚上梦里的水和火的形象是那么的分明，昨天晚上梦里吃过的饭，梦里不也是吃饱了吗？

地球灭亡论是真的吗？

为了扫除地球灭亡论等看法，我从1962年开始提起过代替能源及'庭院农家法'等方案。

因为已经预见到了，未来因地下资源枯竭导致资源战争，因滥用地下资源导致水压和地压变化产生地壳变动，以及因地壳变动导致的自然灾害。所以把转换能源的草案递交给青瓦台（大韩民国首尔总统官邸），并建议波力发电，研究了永动机。

建议波力发电是因为，我国的三面都是海，所以发现了可以利用大海的波浪，能产生电力的原理。不过当时没人接纳我的提案，后来欧洲建立了世界上最初的波力发电所。

永动机是不使用水、火、风等任何能源，可以产生动力的机械。可在当时，也认为这是荒唐无稽之谈。但是据我了解，现在日本在这方面已经有了相当深的研究。

当时理解我这个提案的人只有两位，一位是当时的宗正（大韩民国曹溪宗宗派最高和尚）—河东山和尚，一位是总务院长—青潭和尚，其余的人当中有些人担心，我在挥霍曹溪宗的财产。

2009年发起的，"沙漠化防止国际连带"也是为了阻止地球的灾难。

阻止沙漠扩张的同时运用好沙漠，让地球村变成乐园就是"沙漠化防止国际连带"的目的。

沙漠对于地球的作用如同人类的心脏一样重要。通过调节沙漠的热气可以阻止地球温暖化，也可以轻松的调节东西南北任何地域的降雨量。

关于地球灭亡论，您是怎么想的呢？

根据我们怎么耕耘地球，将来可能会面临地球诞生以来最好的乐园，也可能面临最大的灾难。

但是我认为现在也不晚。全世界的国家团结一心，用科学的方法共同治理这个沙漠的话，相信这个地球村一定能成为乐园。这个不是一个人或一个国家能做的事情，必须根据各国的情况，要建立共同的基金。

还有，为了防止因大量使用水泥和沥青，而导致水分快速的蒸发的情况，应该在平原地区多种树，形成茂密的树林。

另外，每个家庭都要实行，自己食用的食物自己生产的"庭院农家法"。这样才能吃到干净的粮食和干净的蔬菜。

如此这般，运用沙漠、转换能源、平原草原化来应对地球环境问题；利用"庭院农家法"来自己食用自己生产的条件具备的话，那么地球将成为诞生以来最好的乐园。

那么，地球灭亡论并不是决定的。

说这种灭亡论的宗教才是真的邪教。即便这是事实也不能讲出来，给社会和人类造成不安。

而且如真能按照我说的那样实行的话，反而一定能成为地球诞生以来真正能享受最幸福生活的乐园。

应该往这个方面努力才可以，不能胡说什么灭亡论。如果人类齐心协力，用21世纪的科学文明解决人类问题的话，一定能过我所说的那种生活。

即便不是地球环境的问题，也可能彗星碰撞地球，而导致灭亡也可能不是吗？

这种事情，用科学的方法能解决的。21和22世纪科学发达的话，什么时候什么彗星碰撞地球的事情也会提前知道，地球不被受害的前提下，提前爆破的技术也完全可以开发出来。

在这艰难的时代里，能够以智慧的方式生活的秘诀是什么？

一定不要忘记，这个世界是共融的世界。因为是共融的世界，所以即使离开了宗教，也始终要用理解和慈悲的方式生活才对。

没有忍耐作为基础，理解和慈悲是无法存立的。忍耐的基础上多理解多关怀别人，就能将恶缘消除，自然而然远离不好的因缘，这样这个世界也是非常美好的。

附录1

21世纪，
人类要做的事情

21世纪，人类要做的事情

　　1962年，年仅26岁的我已经预见了21世纪人类即将要面临的公害问题和能源问题，并开始研究和开发代替能源（无限原动机、太阳能、波能、风能等等）和庭院农家法，而且也把这方面的必要性传播给周围的人。

　　也许当时太超前的原因，一般人根本不接受这个想法，甚至有的人还怀疑此人的佛法。但是到了现在，当时预见的事情成了现代社会最迫切需要解决的问题。

　　设立《沙漠化防止国际连带》[2]也是让大家引起共鸣。沙漠化防止是当前必须要解决的环境问题，也是拯救地球村的义不容辞的事情。《沙漠化防止国际连带》带头促进的沙漠化防止，地球草原化，代替能源开发是全人类同舟共济的事情。

　　第一件事情是关于沙漠化防止方面。众所周知，之前人们投

---

2) International Union to Prevent Desertification (IUPD).

入大量的人力、物力、财力实行"种树工程"治理沙漠是以失败而告终的。

因此本人在沙漠化防止的问题上提出了另外一种解决的方案。这就是《沙漠海水路工程》。

其原理是，在沙漠化的地方铺设管道，引海水以后种植抗盐分很强的植物，使其复原自然生态。

之前《种树工程》失败的最终原因还是绝对的缺水，所以本人提出的这个方案就是解决这方面问题的唯一的方法。

但是《沙漠化防止国际连带》的目的是防止沙漠的扩张，并不是消除所有的沙漠。如同人体心脏，是把所有的血液均匀的输送到各个部位一样，沙漠也像地球的心脏，起着重要作用。

因此21世纪，人类不仅防止沙漠的扩张，更应该研究怎样运用沙漠。

沙漠中铺设像围棋盘一样的，能控制水量的特殊管道。不管东、西、南、北，不管需要多少水量，需要多少面积，都可以控制它的降雨量。只有这样科学的方法来操作，才能把21世纪的地球村耕耘的更加美丽富饶。

第二件事情是关于地球草原化方面。通过三年的不断试验和研究终于找出了不需要太多精力、财力、物力也能把荒地短时间之内变成草原的一种植物。

这个植物就是"垂盆草"。这种植物不需要一颗一颗单独种植，而是用直升机或者专用飞机从空中撒出去，它也能靠它顽强的生命力扎根，生存。而且这种植物又能抗寒耐暑并有很强的繁殖力。

必将对绿化地球环境起着很重要的作用。

第三件事情是关于能源方面。本人从1962年就开始研究和开发代替能源，比如太阳能、波能、风能等等。现在很多本人提出过的方法正在应用当中。

这三件事情不是某个个人或某个国家完成的事情，应该动员全世界一起完成。首先从全世界设立一个共同基金，然后参加这个基金的国家通过这方面的系统直接受惠。

如果全世界的人们同舟共济一同完成这项计划，那么人类将会迎来有史以来最好的时代，认为事不关己互相推脱，那么这个世界定会面临非常可怕的灾难。

另外进入21世纪后，为了以防万一人类还需要研究的是，能够在大海里生活、耕耘。

当地球的温度不断的上升，空气的污染越来越严重，海水的高度也越来越高，人类居住的面积越来越小的时候，我们应该考虑和研究能在水中生存的技能。这项技术的研究，远比人类跑到另外一个星球生活更加现实，而且研究的费用也应该更加低廉。

如此这般，真正悟道的人应该是从理边上引导众生，让他们

永生不灭，事边上比平常人更应该远瞻数百年，数千年引导他
们才对。

因为佛法的真正意义不能仅限于传授真理，更应该是为万人
永乐而物心两面，理事一如的教化才行。

大圆文载贤传法禅师印可来历

大圆文载贤传法禅师印可来历

第一　悟道颂 

此身运转是何物
疑端汩没三夏来
松头吹风其一声
忽然大事一时了

何谓青天何谓地
当体清净无边外
无内外中应如是
小分取舍全然无

一日于十有二时

悉皆思量之分别

古佛未生前消息

闻者即信不疑谁

　　既是大圆文载贤传法禅师的恩师也是佛祖正脉的第77祖，曹溪宗的田冈大禅师1962年任大邱桐华寺祖室[3]的时候，大圆文载贤禅师也一同住在了桐华寺。

　　一日，田冈大禅师把大圆禅师叫到跟前说了关于大圆禅师第一悟道颂的想法："你的悟道颂可以证明真悟，但是一般的悟道颂都是短的。"

　　听了这句话后，大圆禅师背出了曾经路过金堤平野时，看到夕阳的日月后立刻背过的第二悟道颂。

第二　悟道颂 

日月两岭载同模

金提平野满秋色

不立大千之名字

夕阳道路人去来

---

3)　寺院里的最高佛法者。田冈大禅师不仅是一位祖室还是传承了佛陀悟道之法的祖师。

听完第二悟道颂的田冈大禅师没有至此停留，继续问，能否当场背一首同样境地的颂。大圆禅师当下背起了下一首颂。

岩上在松风
山下飞黄鸟
大千无痕迹
月夜乱猿啼

听到头两句还是微微闭上眼睛的田冈大禅师，当听完后两句以后立刻睁开眼睛，脸上露出了喜悦之色。

但是田冈大禅师仍然没有就此止步的意思，继续问了下一个问题："僧众们把你叫到山上，其中法性(香谷和尚的法弟子真际)问你'达摩不识'的道理时，你说'露了'。如果你是当时的梁武帝，面对达摩大师的'不识'。你会怎么回答呢?"

大圆禅师回答说："如果我是梁武帝就说虽然所谓的圣人也没有，跟朕如是共享德华岂不更好?并会牵着他的手站起来。"

田冈大禅师非常感慨的说："何时达到了如此境地?"

"岂能说是达到? 岂能说是具备? 又岂能说是本来? 只是如是而已。"

听完大圆禅师的回答，田冈大禅师难以掩饰欢喜之情。两人如同伯牙见到了钟子期[4]一样，喜气洋洋。

关于"达摩不识"公案[5]的问答是有过一段插曲的。被田冈大禅师召唤前几天的晚上，正值入禅时间，奇怪的是，禅房里除了几位老僧外，其他位子都是空空如也。

大圆禅师正在纳闷，门外有个僧侣悄悄做了一个出来的手势，然后对着耳朵说大部分的僧侣们都在后山上等着，叫他一起去，大圆禅师跟着年轻的僧侣进了山，来到山中一看，大概有20多位僧侣站在那儿等大圆禅师。

其中一位法性僧侣见到大圆禅师后，突然发问起来。

"说一下达摩不识公案。"

大圆禅师毫不犹豫的回答：

"露了。"

旁边的松庵和尚又问了岸树井藤公案。

"在这里，怎样才能活下来?"

大圆禅师立刻大声说：

"岸 树 井 藤。"

看到众僧侣都缄口无言，大圆禅师回头下了山。

第二天早饭结束后，明虚和尚把昨天晚上入禅时间无端旷课的事情开了大众会议，致使山中发生的事件才水落石出。

---

4) 伯牙是古代中国瑶琴的达人，是著名的瑶琴演奏家。但是真正能理解他的音乐的人只有好朋友—钟子期。钟子期死后，伯牙断琴弦再也没有演奏瑶琴。

5) 公案：话头。为了悟道，禅师的明示。提出疑问後让人们参究。

最终，入禅时间里旷课的僧侣们都穿着长衫，郑重的给田冈大禅师磕头谢罪。

田冈大禅师彻底验证了大圆禅师对“达摩不识”公案时所答的境地。

有了这种彻底验证的第二天，大圆禅师被田冈大禅师召唤过去，当时月山住持和尚也在场。在这种情况下田冈大禅师直接把传法偈传给了大圆禅师。

传法偈 

佛祖未曾传
我亦何受授
此法二千年
广度天下人

田冈大禅师还让月山和尚当了印可[6]的证人，并叮嘱一直到2000年为止，不许让别人知道，如果不这样做，在以后的传法中会遇到很多的障碍。并说一定要注意身体，命令月山和尚让大圆禅师去桐华寺的布教堂-普贤寺去效力于布教上。

---

6) 印可：传承佛陀正脉之法的老师正式的印证弟子的悟道。

虽然把大圆禅师叫到山上问答过的众僧们都磕头谢罪过了，但田冈大禅师还是担心大圆禅师。所以急忙把结制中的大圆禅师送到普贤寺去了。

大圆禅师去普贤寺的当天，田冈大禅师把提前写好的付颂传给了大圆禅师。付颂如下：

付 颂 

不下御床对如是
后日石儿吹无孔
自此佛法满天下

以上偈颂里的第一句"不下御床对如是"也有小插曲。

以前大圆禅师拜田冈大禅师于郡山隐寂寺的时候，一天在庭院里不期而遇，有过以下的问答。

田冈大禅师问：

"道一下空寂的灵知。"

大圆禅师回答说：

"如是跟禅师对谈。"

"道一下灵知的空寂。"

"跟禅师对谈是如是。"

"什么是如是对谈之境地?"

"明王不下御床通天下。"

所以把大圆禅师这时回答时的境地，放在了付颂的第一句。

纵观田冈大禅师在印可大圆禅师的整个过程，一次，两次，三次，不停的确认，验证。不得不让我们佩服一代宗师的明眼智慧，又不得不赞叹大圆传法禅师至始至终，没有丝毫的犹豫而明澈的回答。

两位禅师以法喜建起的境地仿佛就在眼前，让大家无不欢喜雀跃。

至此跟田冈大禅师约定的2000年代已经到来，所以在这里大圆文载贤传法禅师明示了从田冈大禅师那里传承下来的传法偈。

至此，镜虚、万空、田冈大禅师延续下来的近代正法火种，如田冈大禅师的预言，定将在这时代布满全天下。

불조정맥

Dharma Lineage of the Buddha and Patriarchs

佛祖正脉

불조정맥 / Dharma Lineage of the Buddha and Patriarchs / 佛祖正脉

| 인 도 | India | 印 度 |

교조 석가모니불　　Sakyamuni Buddha　　教祖 释迦牟尼佛
1조 마하가섭　　1st Mahakasyapa　　1祖 摩诃迦叶
2조 아난다　　2nd Ananda　　2祖 阿难陀
3조 상나화수　　3rd Sanakavasa　　3祖 商那和修
4조 우바국다　　4th Upagupta　　4祖 优波鞠多
5조 제다가　　5th Dhritaka　　5祖 堤多迦
6조 미차가　　6th Michaka　　6祖 弥遮迦
7조 바수밀　　7th Vasumitra　　7祖 婆须密
8조 불타난제　　8th Buddhanandi　　8祖 佛陀难堤
9조 복타밀다　　9th Buddhamitra　　9祖 伏驮密多
10조 파율습박(협)　　10th Parsva(Xie)　　10祖 波栗湿缚(胁)
11조 부나야사　　11th Punyayasas　　11祖 富那夜奢
12조 아나보리(마명)　　12th Asvaghosa(Maming)　　12祖 阿那菩提(马鸣)
13조 가비마라　　13th Kapimala　　13祖 迦毗摩罗

14조 나가르주나(용수)　14th Nagarjuna(Longshu)　14祖 那阏罗树那(龙树)

15조 가나제바　15th Kanadeva　15祖 迦那堤波

16조 라후라타　16th Rahulata　16祖 罗睺罗陀

17조 승가난제　17th Sanghanandi　17祖 僧伽难提

18조 가야사다　18th Gayasata　18祖 迦耶舍多

19조 구마라다　19th Kumarata　19祖 鸠摩罗多

20조 사야다　20th Jayata　20祖 闍夜多

21조 바수반두　21st Vasubandhu　21祖 婆修盘头

22조 마노라　22nd Manorhita　22祖 摩拿罗

23조 학륵나　23rd Haklenayasas　23祖 鹤勒那

24조 사자보리　24th Aryasimha　24祖 师子菩提

25조 바사사다　25th Basiasita　25祖 婆舍斯多

26조 불여밀다　26th Punyamitra　26祖 不如密多

27조 반야다라　27th Prajnatara　27祖 般若多罗

28조 보리달마　28th Bodhidharma　28祖 菩提达摩

🪷 중 국　🪷 China　🪷 中 国

29조 신광 혜가　29th Shenguang Huike　29祖 神光 慧可

30조 감지 승찬　30th Jianzhi Sengcan　30祖 鉴智 僧璨

31조 대의 도신　31st Dayi Daoxin　31祖 大医 道信

32조 대만 홍인　32nd Daman Hongren　32祖 大满 弘忍

33조 대감 혜능　33rd Dajian Huineng　33祖 大鉴 慧能

34조 남악 회양	34th Nanyue Huairang	34祖 南岳 怀让
35조 마조 도일	35th Mazu Daoyi	35祖 马祖 道一
36조 백장 회해	36th Baizhang Huaihai	36祖 百丈 怀海
37조 황벽 희운	37th Huangpi Xiyun	37祖 黄檗 希云
38조 임제 의현	38th Linji Yixuan	38祖 临济 义玄
39조 흥화 존장	39th Xinghua Cunjiang	39祖 兴化 存奖
40조 남원 혜옹	40th Nanyuan Huiyong	40祖 南院 慧顒
41조 풍혈 연소	41st Fengxue Yanzhao	41祖 风穴 延沼
42조 수산 성념	42nd Shoushan Shengnian	42祖 首山 省念
43조 분양 선소	43rd Fenyang Shanzhao	43祖 汾阳 善昭
44조 자명 초원	44th Ciming Chuyuan	44祖 慈明 楚圆
45조 양기 방회	45th Yangqi Fanghui	45祖 杨岐 方会
46조 백운 수단	46th Baiyun Shouduan	46祖 白云 守端
47조 오조 법연	47th Wuzu Fayan	47祖 五祖 法演
48조 원오 극근	48th Yuanwu Keqin	48祖 圆悟 克勤
49조 호구 소륭	49th Huqiu Shaolong	49祖 虎丘 绍隆
50조 응암 담화	50th Yingan Tanhua	50祖 应庵 昙华
51조 밀암 함걸	51st Mian Xianjie	51祖 密庵 咸杰
52조 파암 조선	52nd Poan Zuxian	52祖 破庵 祖先
53조 무준 사범	53rd Wuzhun Shifan	53祖 无准 师范
54조 설암 혜랑	54th Xueyan Huilang	54祖 雪岩 慧郎
55조 급암 종신	55th Jian Zongxin	55祖 及庵 宗信
56조 석옥 청공	56th Shiwu Qinggong	56祖 石屋 清珙

| | 한 국 | | Korea | | 韩 国 |

57조 태고 보우   57th TaeGo BoU   57祖 太古 普愚

58조 환암 혼수   58th HwanAm HonSu   58祖 幻庵 混修

59조 구곡 각운   59th GuGok GagUn   59祖 亀谷 觉云

60조 벽계 정심   60th ByeokGye JeongSim   60祖 碧溪 净心

61조 벽송 지엄   61st ByeokSong JiEom   61祖 碧松 智俨

62조 부용 영관   62nd BuYong YeongGwan   62祖 芙蓉 灵观

63조 청허 휴정   63rd CheongHeo HyuJeong   63祖 清虚 休静

64조 편양 언기   64th PyeonYang EonGi   64祖 鞭羊 彦机

65조 풍담 의심   65th PungDam UiSim   65祖 枫潭 义谌

66조 월담 설제   66th WolDam SeolJe   66祖 月潭 雪霁

67조 환성 지안   67th HwanSeong JiAn   67祖 唤醒 志安

68조 호암 체정   68th HoAm CheJeong   68祖 虎岩 体净

69조 청봉 거안   69th CheongBong GeoAn   69祖 青峰 巨岸

70조 율봉 청고   70th YulBong CheongGo   70祖 栗峰 青杲

71조 금허 법첨   71st GeumHeo BeopCheom   71祖 锦虚 法沾

72조 용암 혜언   72nd YongAm HyeEon   72祖 龙岩 慧言

73조 영월 봉율   73rd YeongWol BongYul   73祖 咏月 奉律

74조 만화 보선   74th ManHwa BoSeon   74祖 万化 普善

75조 경허 성우   75th GyeongHeo SeongU   75祖 镜虚 惺牛

76조 만공 월면   76th ManGong WolMyeon   76祖 满空 月面

77조 전강 영신   77th JeonGang YeongSin   77祖 田冈 永信

78대 대원 문재현   78th DaeWon Moon JaeHyeon   78代 大圆 文载贤

가슴으로 부르는 불심의 노래
Songs of Devotion
佛心之歌

여기에 실린 것들은 모두 대원 문재현 선사님께서 직접 작사하신 곡들이다. 수행의 길로 들어서게끔 신심, 발심을 북돋아주는 곡으로부터 수행의 길로 접어든 이의 구도의 몸부림이 담겨있는 곡, 대승의 원력을 발해서 교화하는 보살의 자비심과 함께 낙원세계를 누리는 풍류를 그려놓은 곡까지 가사 한마디, 한마디가 생생하여 그 뜻이 뼛속 깊이 새겨지고 그 멋에 흠뻑 취하게 된다. 대원 문재현 선사님께서는 거칠고 말초적인 요즘의 노래를 듣고 이러한 정서를 순화시키고자, 또한 수행의 마음을 진작시키고자 하는 뜻에서 이 곡들을 작사하셨다.

The lyrics of all the following songs were composed by Zen Master DaeWon. The songs arouse devotion and faith to get into the way of practice, contain the exertion of seeking the Truth, describe Bodhisattvas' mercy on all beings and show the stage of enjoying bliss. The songs will give people vivid impressions and entertainment which provocative and superficial songs from popular culture cannot contain. Zen Master DaeWon hopes that all listeners' minds can be purified, so that they would enter the road to enlightenment and be encouraged to keep going.

这里面的歌都是大圆文载贤禅师亲自作词的歌曲。有刚踏上修行之路的人给与发心、信心的歌曲，有正在修行路上求道艰辛的歌曲，有发出大乘的愿力教化的歌曲，有一起享有大自在的歌曲，每一句都是那么生动，那么让人陶醉。大圆文载贤禅师听了近来粗糙而轻浮的歌曲后为了稳定情绪和鼓励修行的心灵而写了这些歌词。

소중한 삶

작사 문재현
작곡 배신영
노래 홍노경

 Precious Life

1. Making most of the precious days
   If we live, spreading love
   Life is not all sorrow.
   If in harmony, with a pleasant gaze and tender words
   to overcome troubles encouragement we give
   a promise for better days to come.

2. Eternal happiness, the Dharma of the Buddha
   working to restore
   Certain for a brighter life, a better day.
   If, embracing one another with a peaceful heart and happy words
   to live a more pious life we work
   a promise for eternal happiness in days to come.

 宝贵的人生

1. 珍惜宝贵的日子
   付出慈爱而生活
   人生不仅仅是苦海
   温暖的眼神温柔的语言融在一起
   彼此激励中克服困难的人生
   岂不是约定善业、好日子吗

2. 佛法是为了恢复永恒和
   幸福的人生而努力的路
   我们的人生前途会光明的
   善良的心善良的语言来包容
   生活中实践佛法
   岂不是约定永恒幸福的人生吗

염원의 노래

작사 문재현
작곡 배신영
노래 홍노경

느리게

372

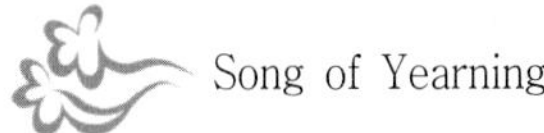 Song of Yearning

In the past, the distant past, the place I lived is covered with weeds
the pond and gazebo nowhere to be seen.
I close my eyes as the sun sets red
and promise to awake this transient life.

The one Eternal Thing that all people have
The sand in an oyster becomes a pearl
so the smile which bears our troubles does
Let us live with this hope that this becomes our prize.

The blossoming flowers is the heart of the Buddha
peace in everyplace is his eternal vow.
Everywhere in the universe is the paradise of our mind
Let us sing the song of this holy wish.

 念愿歌

何时不知是何时我生活的这地方
被杂草掩盖的莲花池和楼台在何处啊
闭上眼睛站在深深的晚霞中
发誓叫醒众生们虚幻的人生

永恒的一物是每个人都本来持有的
沙粒变成珍珠一样
以微笑忍耐今天的苦恼
成就宝贝的希望生活吧

开花华丽是佛陀的心
各地的和平是佛陀万劫的誓愿
宇宙法界一切是本性的乐园
以歌声传承神圣的愿望成就

발 심 가

작사 문재현
작곡 배신영
노래 홍노경

보사노바

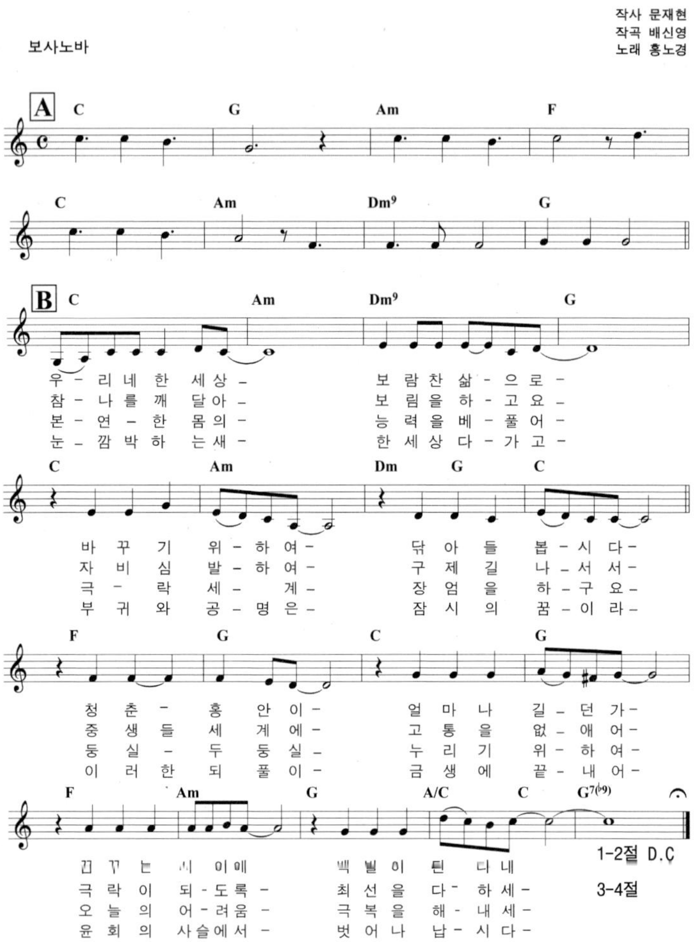

374

 The Mind of the Tao

1. To change our life into that worthwhile
   for that end we practice and we try
   Just how long are those years of youth
   we awaken from a dream with grey hairs.

2. Awaken to True Self, cultivate over time
   put forth the heart of compassion, to save all beings
   take away the suffering in the world
   until the Pure land all effort let us put forth.

3. Spread the abilities of the Original Body
   Put forth the Pure Land
   to enjoy, walking on a cloud
   let us overcome the difficulties of today.

4. In the blink of an eye a life goes by
   Wealth and fame pass like a dream
   in this life put an end to this endless cycle
   let's break these chains of samsara.

 发心歌

1. 为了把我们的一生变成幸福美满的生活
   大家一起来修行吧
   青春的红颜有多长
   做梦之间就会成白发

2. 悟出真我保任后
   发出慈悲心踏上救济的路
   消除众生界的一切痛苦
   使其成为极乐世界而付出一切吧

3. 发挥本然之体的能力
   庄严极乐世界
   为了自由自在享有
   克服现在的困难吧

4. 一眨眼就过了这辈子
   富贵和功名也是短暂的梦
   这种重复今生了断
   轮回的锁链中解脱出来吧

보살의 마음

작사 문재현
작곡 배신영
노래 홍노경

Bodhisattva's Mind

1. Like a leaf carried by the stream, our life
   with the compassion only to save such
   people see what they want say what they want
   as if not listening, not worrying, only striving.
   Clearly open the correct eye, the honest heart
   The heart waiting for that day.

2. Life a leaf carried by the stream, our life
   with the compassion only to save such
   Though we are blind and deaf
   Like an ox, like an elephant with all the strength.
   Wisdom's eye, wisdom's heart open wide
   The heart waiting for that day.

菩萨的心

1. 随波逐流的落叶一样的人生
   为了解救而一起跟随的慈悲
   各自的眼睛看什么说什么
   装听不见装不知道一样尽一切努力
   痛快的打开正眼正心吧
   啊~等待那一天的到来

2. 随波逐流的落叶一样的人生
   为了解救而一起跟随的慈悲
   虽然耳聋眼瞎的众生
   黄牛一样地藏一样尽一切努力
   痛快的打开慧眼 慧心吧
   啊~等待那一天的到来

성중성인 오셨네

(초파일노래)

 A Sage among Sages Comes

1. The eighth day of the fourth month
   Is the finest in the world
   A sage among sages, Sakyamuni Buddha
   The day he came to the world
   Suffering to peace
   Darkness into light
   The desire to change this for all
   The day this started
   There is no you nor me
   Let us all rejoice.
   Let us all rejoice.

2. The eighth day of the fourth month
   Is the finest in the world
   A sage among sages, Sakyamuni Buddha
   The day he came to the world
   The teaching to know oneself
   To spread it he came
   and perfect himself
   This world, just as it is
   Let's enjoy this paradise.
   Let's enjoy this paradise.

 圣中圣人到来了 (释迦牟尼诞生日歌)

1. 阴历四月初八是
   全宇宙的主宰者
   圣中圣人佛陀
   来到这片土地的日子
   悲伤变成乐园
   黑暗变成光明的
   这个夙愿开始的日子
   都一起庆祝吧
   都一起庆祝吧

2. 阴历四月初八是
   全宇宙的主宰者
   圣中圣人佛陀
   来到这片土地的日子
   为了让我们悟出本性
   来到了这里展开了教化
   成就自我完成后
   把这片土地本身
   成为乐园而享有吧 成为乐园而享有吧

우리네 삶, 고운 수로

작사 문재현
작곡 배신영
노래 채연희
Swing ♩ = 122
G Em Am D
G C D G D
Em Am
어리어리 어-우리 우리함께 사랑하며
어리어리 어-우리 남녀노소 식구처럼
어리어리 어-우리 남녀노소 식구처럼
G C C/D G C/D
어 울려 노 래와 춤 으로 나-
어 울려 나 누는맘 으로 나-
어 울려 나 누는맘 으로 나-
Em Am
어리어리 어-우리
어리어리 어-우리
어리어리 어-우리
G Em C D G 1.,2. G 3.
우리네삶 고운수로 꾸 며 가 세 세 Fine
우리네삶 고운수로 꾸 며 가 세
우리네삶 고운수로 꾸 며 가 세

Let's Weave a Beautiful Life

1. Ohri, Ohri, Ohohri
   In love and harmony we sing and dance
   Ohri, Ohri, Ohohri
   Let's weave a beautiful life.

2. Ohri, Ohri, Ohohri
   Men and women all like family sharing
   Ohri, Ohri, Ohohri
   Let's weave a beautiful life.

我们的人生编织成美丽的锦绣

1. 一起一起在一起
   我们大家互爱一起歌舞吧
   一起一起在一起
   我们的人生编织成美丽的锦绣吧

2. 一起一起在一起
   男女老少如同家人融在一起以分享的心
   一起一起在一起
   我们的人生编织成美丽的锦绣吧

사 색

작사 대원 문재현
작곡 배신영

 Contemplation

1. Close eyes and ponder True Self.
   All thoughts and deeds come from here
   with no forms, no colors but to know
   only contemplate.
   Put everything down, while resting ponder
   to reach this place, all efforts put forth
   to arrive in paradise, to live and enjoy.

2. Quietly contemplate, examine True Self.
   All wisdoms and virtue come from here
   The abilities a gift, to spread and enjoy
   only cultivate.
   Put everything down and follow in the steps of those before
   Step by step in the Pure land to arrive
   No self, no others simply One to enjoy.

 思索

1. 静静地闭上眼睛观真我吧
   各种念和一切行为都从这里开始
   却没模样没颜色因此想知道这个而思索
   放下一切在休息中的思索
   一步又一步想走近而精心努力
   一定要达到彼岸 享有乐园的人生

2. 静静地思索而悟道后观照
   一切智慧和所有的德从这里开始
   为了发挥这个能力并享受而修行
   空出一切 跟随您的踪迹
   一步又一步走近极乐世界
   一定要达到彼岸 你我都享有吧

천부경을 아시나요

작사 대원 문재현
작곡 배신영

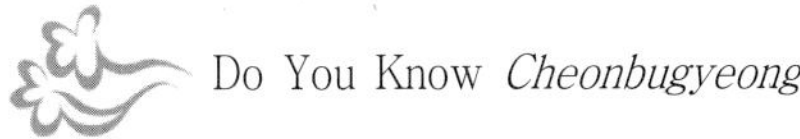

Do You Know *Cheonbugyeong*

1. Do you know *Cheonbugyeong*, the profound Truth of our ancestors?
   In eighty one letters the Truth of the universe can all be found within.
   Let us all cultivate our minds, and awaken True Self
   Ancestors debts repaid, we live in peace.

2. Awaken to the Truth then look at this world
   Through the abilities of mind the world unfolds in beauty.
   Paradise is this world, as it is
   Sing and dance in eternal harmony together, we live in peace.

知道天符经吗

1. 知道祖先的深奥真理天符经吗
   81字涵盖了宇宙的一切道理
   即使是匹夫男儿也要修心悟出永恒的真我
   报答桓因的大恩惠中生活吧

2. 悟出真正的真理 正确的看这个世界吧
   心的能力展开的庄严，宏伟而美丽
   此土本身是乐园的世界
   歌舞为伴永恒的生活吧

우란분재일

작사 문재현
작곡 배신영
노래 채연희

Trot in4 (double beat) ♩= 134

Fine

Ullambana[7]

1. On the day of Ullambana, the day to pay respects to Buddha,
   We pay our utmost respects to our ancestors and
   pray that all of those who have come before us,
   who have given birth to us, who we are indebted to,
   that they all may return to paradise.
   We cannot possibly repay these debts even if we gave our life.
   So with humility we bow our heads and repent of our shortcomings.

2. With this sincere heart we pray they may leave suffering
   and have peaceful bliss
   that worldly attachment may be released,
   that they may all be free
   Being enslaved to the body for countless kalpas,
   liberation is the only way to be freed from samsara.
   For this we pray.

---

7) Ullambana is a Buddhist ceremony that symbolizes the transferring of
   one's own merit to the benefit of departed souls and this is done
   through donations, prayer and ritual. The history of this ceremony
   began when the mother of one of Buddha's disciples (the Venerable
   Maudgalyayana) passed away. She committed many evil deeds and fell
   into hell, but through the sincere devotion and prayer of the Venerable
   Maudgalyayana, as well as through the power of Buddha's enlightenment,
   she was rescued from the severe suffering. So it was said that on the
   15th day of the 7th lunar month all of the Buddhas and Bodhisattvas all
   together rescue the deceased, whose evil deeds have lead them into
   suffering.

1. 迎接盂兰盆斋之际，盛请大慈大悲的佛陀于此地
   为多生父母能往生极乐而虔诚祈祷
   虽然受到了重恩，因智慧短浅
   没有报恩报答之中来到了此生的这个错误
   低头向佛陀忏悔。忏悔。

2. 虔诚的心祈求离苦得乐
   断掉世间的一切执着，唯独许愿出生在佛陀的世界
   多生累劫中虚妄的身奴
   只有消除这个虚妄才是超脱轮回之苦
   祈愿成就。成就。

도서출판 문젠의 번역도서
Translation Series by Moonzen Press
Moonzen飜譯书籍

· 불조정맥(佛祖正脈) - 한영중 3개국어판
불조정맥은 석가모니불로부터 현 78대에 이르기까지 불조정맥진영(佛祖正脈眞影)과 정맥전법게(正脈傳法偈)를 온전하게 갖춘 최초의 불조정맥서이다. 대원 문재현 선사님이 다년간 수집, 정리하여 기도와 관조 끝에 완성한 '불조정맥'을 3개국어로 완역하였다.

· *Dharma Lineage of the Buddhas and Patriarchs*
 — Korean - English - Chinese Edition

The Dharma Lineage of the Buddhas and Patriarchs is the first complete compilation of the portraits and Dharma Transmission Gathas of all the Buddhas and Patriarchs from Sakyamuni Buddha to the 78th Patriarch. Collected and compiled over many years and completed through meditation and prayer by Zen Master DaeWon Moon JaeHyeon. It is a significant book that will help people all over the world to appreciate the quintessence of Buddhist Dharma and feel the essence of the Buddhas and Patriarchs.

· 佛祖正脉 - 韩英中3国语版
《佛祖正脉》是从教主释迦牟尼到现第78代为止，把佛祖正脉真影和正脉传法偈保存的最完整的一本书。是大圆文载贤禅师多年的搜集整理，及观行和祈祷之下所完成。

· 백팔진참회문(百八眞懺悔文)
 - 한영중 3개국어판
'백팔진참회문'은 부처님의 십계를 위주로 구성한 108 항목의 참회문이다. 모든 이들이 108참회문을 통해 108참회를 하여 전생과 금생의 모든 악연을 벗어나 소망하는 삶을 살고 구경에 성불하기를 바라는 뜻에서 대원 문재현 선사님이 찬술하였다.

· *The 108 Recitations of Repentance*
 - Korean - English - Chinese Edition
The 108 Recitations of Repentance is the recitations of the 108 prayers which are based on the Ten Precepts of the Buddha, written by Zen Master DaeWon Moon JaeHyeon. Through the 108 recitations, all people may become free from the harmful affinities of the past and present lives and attain supreme Buddhahood through practicing *the 108 Recitations of Repentance.*

· 108真忏悔文 - 韓英中3国語版
《108真忏悔文》主要以佛的十戒为主来构成。
衷心的希望诸位通过诵读《108真忏悔文》消除前生所有的恶缘后，心想事成，功德无量终究成佛。这就是大圆文载贤禅师编撰的目的。

· 화두(話頭) – 한영중 3개국어판
『화두』는 대원 문재현 선사의 평생 선문답
의 결정판이다. 생생하게 살아있는 선(禪)
을 한·영·중 3개국어로 만날 수 있다.

· *Hwadu* – Korean - English - Chinese Edition
Hwadu is the most authoritative edition of Zen questions and
answers by *JeonBeop* Zen Master DaeWon Moon JaeHyeon.
Through *Hwadu* one may encounter the living Zen of the
Korean Buddhism.

· 话头 – 韓英中3国語版
《话头》是大圆文载贤禅师平生禅问答的精简版。通过《话头》能看
到，活灵活现的韩国禅。

・실증설(實證說) - 한영불서중 5개국어판

대원 문재현 선사가 2010년 2월 14일 구정을 맞이하여 불자들에게 불법의 참뜻을 보이기 위해 홀연히 펜을 들어 일시에 써내려간 『실증설』. 실증한 이가 아니고는 설파할 수 없는 도리를 보아 실증하기를…

・*Experience of Reality*

— Korean - English - French - Spanish - Chinese Edition

On the Lunar New Year 2010, Zen Master DaeWon wrote this book *Experience of Reality*, in the hope that readers may realize themselves and awaken to the Truth.

・实证说 - 韓英法西中5国語版

大圆文载贤禅师在迎接2010年新春之际，为了众多佛子面前明示佛法，忽然提起笔一口气写下来的《实证说》。希望各位通过这本书，看到佛法的真义而实证。

도서출판 문젠(Moonzen)의 책들

1~5. 바로보인 전등록 (전30권을 5권으로)

7불과 역대 조사의 말씀이 1,700공안으로 집대성되어 있는 선종 최고의 고전으로, 깨달음의 정수가 살아 숨쉬도록 새롭게 번역되었다.

464, 464, 472, 448, 432쪽.

각권 18,000원

6. 바로보인 무문관

황룡 무문 혜개 선사가 저술한 공안집으로 전등록, 선문염송, 벽암록 등과 함께 손꼽히는 선문의 명저이다.

본칙 48개와 무문 선사의 평창과 송, 여기에 역저자인 대원 문재현 선사의 도움말과 시송으로 생명과 같은 선문의 진수를 맛보여 주고 있다.

272쪽. 12,000원

7. 바로보인 벽암록

설두 선사의 설두송고를 원오 극근 선사가 수행자에게 제창한 것이 벽암록이다.

이 책은 본칙과 설두 선사의 송, 대원 문재현 선사의 도움말과 시송으로 이루어져, 벽암록을 오늘에 맞게 바로 보이고 있다.

456쪽. 15,000원

8. 바로보인 천부경

우리 민족 최고(最古)의 경전 천부경을 깨달음의 책으로 새롭게 바로 보였다. 이 책에는 81권의 화엄경을 81자에 함축한 듯한 천부경과, 교화경, 치화경의 내용이 함께 담겨 있으며, 역저자인 대원 문재현 선사가 도움말, 토끼뿔, 거북털 등으로 손쉽게 닦아 증득하는 문을 열어놓고 있다.

432쪽. 15,000원

9. 바로보인 금강경

대원 문재현 선사의 『바로보인 금강경』은 국내 최초로 독창적인 과목을 내어 부처님과 수보리 존자의 대화 이면의 숨은 뜻을 드러내고, 자문과 시송으로 본문의 핵심을 꿰뚫어 밝혀, 금강경 전체를 손바닥 안의 겨자씨를 보듯 설파하고 있다.

488쪽. 15,000원

10. 세월을 북채로 세상을 북삼아

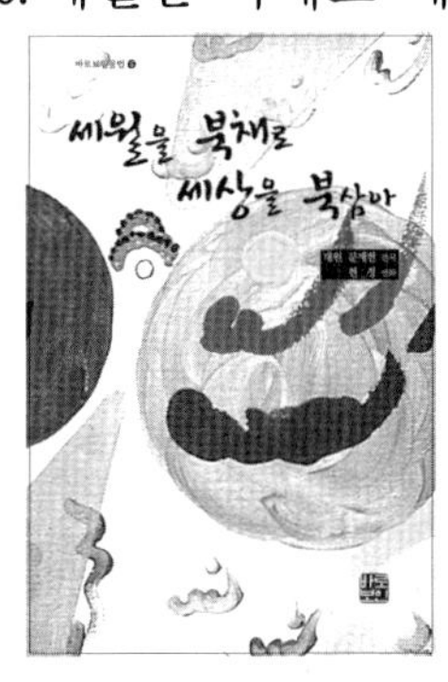

대원 문재현 선사의 선시가 담긴 선시화집 『세월을 북채로 세상을 북삼아』는 선과 시와 그림이 정상에서 만나 어우러진 한바탕이다. 선의 세계를 누리는 불가사의한 일상의 노래, 법열의 환희로 취한 어깨춤과 같은 선시가 생생하고 눈부시게 내면의 소리로 흐른다.

180쪽. 15,000원

11. 영원한현실

애매모호한 구석이 없이 밝고 명쾌하여, 너무도 분명함에 오히려 그 깊이를 헤아리기 어려운, 대원 문재현 선사의 주옥같은 법문을 모아 놓은 법문집이다.

　400쪽. 15,000원

12. 바로보인 신심명

신심명은 양끝을 들어 양끝을 쓸어버리는, 40 대치법으로 이루어진, 3조 승찬 대사의 게송이다.

이를 대원 문재현 선사가 바로 번역하는 것은 물론, 주해, 게송, 법문을 더해 통쾌하게 회통하고 자유자재 농한 것이 이 『바로보인 신심명』이다.

　296쪽. 10,000원

13~17. 바로보인 환단고기 (전5권)

『바로보인 환단고기』 1권은 민족정신의 정수인 환단고기의 진리를 총정리하여 출간하였다.

2권에는 역사총론과 태초에서 배달국까지 역사가 실려있으며, 3권은 단군조선, 4권은 북부여에서부터 고려까지의 역사가 실려있다. 5권에는 역사를 증명하는 부록과 함께 환단고기 원문을 실었다.

　264 · 368 · 264 · 352 · 344쪽. 각권 12,000원

18~47. 바로보인 선문염송 (전30권)

선문염송은 세계최대의 공안집이다. 전 공안을 망라하다시피 했기에 불조의 법 쓰는 바를 손바닥 들여다보듯 하지 않고는 제대로 번역할 수 없다. 대원 문재현 선사는 전 공안을 바로 참구할 수 있게끔 번역하고 각 칙마다 일러보였다.

352 368 344 352 360 360 400 440 376 392
384 428 410 380 368 434 400 404 406 440
424 460 472 456 504 528 488 488 480 512쪽
각권 15,000원

48. 앞뜰에 국화꽃 곱고 북산에 첫눈 희다

대원 문재현 선사의 선문답집으로 전강·경봉·숭산·묵산 선사와의 명쾌한 문답을 실었으며, 중앙일보의 <한국불교의 큰스님 선문답> 열 분의 기사와 기자의 질문에 대한 대원 문재현 선사의 별답을 함께 실었다.

200쪽. 5,000원

49. 바로보인 증도가

선종사에 사라지지 않을 발자취로 남은 영가 선사의 증도가를 대원 문재현 선사가 번역하고 법문과 송을 더하였다.

자비의 방편인 증도가의 말씀을 하나하나 쳐가는 선사의 일갈이야말로 영가 선사의 본의중과 일치하여 부합하는 것이라 아니할 수 없다.

376쪽. 10,000원

50. 바로보인 반야심경

이 시대의 야부 선사, 대원 문재현 선사가 최초로 반야심경에 과목을 붙여 반야심경 내면에 흐르는 뜻을 밀밀하게 밝혀놓고 거침없는 송으로 들어보였다.

200쪽. 10,000원

51~52. 선(禪)을 묻는 그대에게 (전10권 중 2권)

대원 문재현 선사의 선수행에 대한 문답집. 깨달아 사무친 경지에 대한 밀밀한 점검과, 오후보림에 대한 구체적인 수행법 제시와, 최초의 무명과 우주생성의 원리까지 낱낱이 설한 법문이 담겨 있다.

280쪽, 272쪽. 각권 15,000원

53. 바로보인 선가귀감

선가귀감은 깨닫고 닦이기는 비법이 고스란히 전수되어 있는 선가의 거울이라 할 만하다. 더욱이 바로보인 선가귀감은 매 소절마다 대원 문재현 선사의 시송이 화살을 과녁에 적중시키듯 역대 조사와 서산대사의 의중을 꿰뚫어 보석처럼 빛나고 있다.

352쪽. 15,000원

54. 바로보인 법융선사 심명

심명 99절의 한 소절, 한 소절이 이름 그대로 마음에 새겨두어야 할 자비광명들이다.
이 심명은 언어와 문자이면서 언어와 문자를 초월한 일상을 영위하게 하는 주옥같은 법문이다.

278쪽. 12,000원

55. 주머니 속의 심경

반야심경은 부처님이 설하신 경 중에서도 절제된 경으로 으뜸가는 경이다. 대원 문재현 선사의 선송(禪頌)도 그 뜻을 따라 간략하나 선의 풍미를 한껏 담고 있다. 하루에 한 소절씩을 읽고 참구한다면 선 수행의 지름길이 될 것이다.

84쪽. 5,000원

56. 바로보인 법성게

법성게는 한마디로 화엄경의 핵심부를 온통 훤출히 드러내놓은 게송이다. 짧은 글 속에 일체의 법을 이렇게 통렬하게 담아놓은 법문도 드물 것이다.
이렇게 함축된 법성게 법문을 대원 문재현 선사가 속속들이 밀밀하게 설해놓았다.

160쪽. 10,000원

57. 달다 - 전강 대선사 법어집

이제는 전설이 된 한국 근대선의 거목인 전강 선사님의 최상승법과 예리한 지혜, 선기로 넘쳤던 삶이 생생하게 담겨 있는 전강 대선사 법어집 < 달다 >!

전강 대선사님의 인가 제자인 대원 문재현 선사가 전강 대선사님의 법거량과 법문, 일화를 재조명하여 보였다.

304쪽. 15,000원

58. 기우목동가

그 뜻이 심오하여 번역하기 어려웠던 말계지은 선사의 기우목동가!

대원 문재현 선사가 바른 뜻이 드러나도록 번역하고, 간결한 결문과 주옥같은 선송으로 다시 보였다.

146쪽. 10,000원

59. 초발심자경문

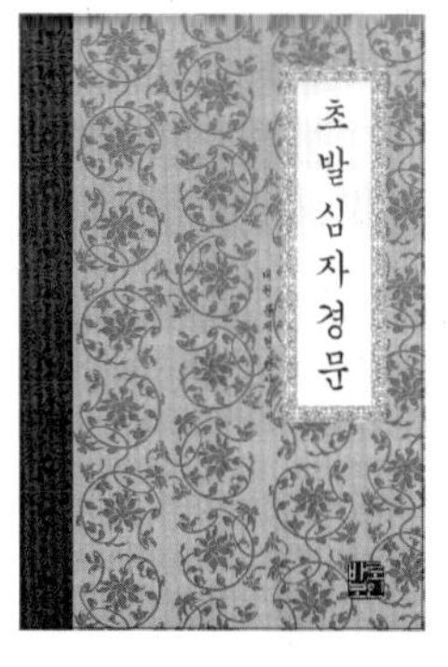

이 초발심사경문은 한문을 새기는 힘인 문리를 터득하게 하기 위하여 일부러 의역하지 않고 직역하였다.

대원 문재현 선사의 살아있는 수행지침도 실려 있다.

266쪽. 10,000원

60. 방거사어록

방거사어록은 선의 일상, 선의 누림을 보여
주는 대표적인 선문이다. 역저자인 대원 문
재현 선사는 방거사어록의 문답을 '본연의
바탕에서 꽃피우는 일상의 함'이라 말하고
있다. 법의 흔적마저 없는 문답의 경지를 온
전하게 드러내 놓은 번역과, 방거사와 호흡
을 함께 하는 듯한 '토끼뿔'이 실려 있다.

266쪽. 15,000원

61. 실증설

이 책의 모태는 대원 문재현 선사가 2010년
2월 14일 구정을 맞이하여 불자들에게 불법
의 참뜻을 보이기 위해 홀연히 펜을 들어 일
시에 써내려간 이 책의 3부이다. 실증한 이
가 아니고는 설파할 수 없는 일구 도리로 보
인 이 3부와 태초로부터 영겁에 이르는 성품
의 이치를 문답과 인터뷰 법문으로 낱낱이
설한 1, 2를 보아 실증하기를…

224쪽. 10,000원

62. 하택신회대사 현종기

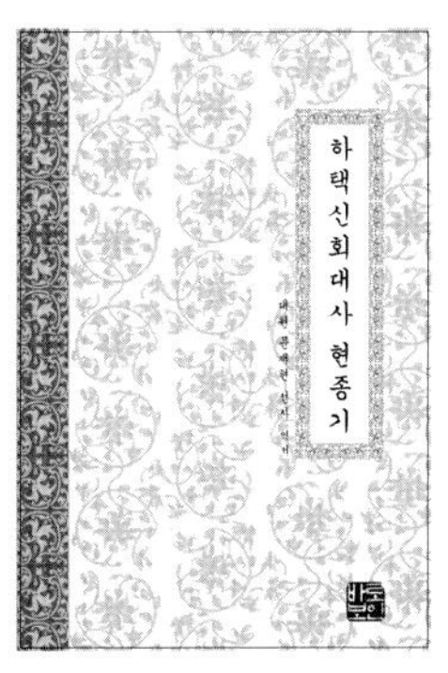

육조대사의 법이 중국천하에 우뚝하도록 한
장본인, 하택신회대사의 현종기. 세간에 지
해종도로 알려져 있는 편견을 불식시키는
뛰어난 깨달음의 경지가 여기에 담겨있다.
대원 문재현 선사가 하택신회대사의 실경지
를 드러내고 바로보임으로써 빛냈다.

232쪽. 10,000원

63. 불조정맥 - 韓·英·中 3개국어판

석가모니불로부터 현 78대에 이르기까지 불조정맥진영(佛祖正脈眞影)과 정맥전법게(正脈傳法偈)를 온전하게 갖춘 최초의 불조정맥서. 대원 문재현 선사가 다년간 수집, 정리하여 기도와 관조 끝에 완성한 『불조정맥』을 3개 국어로 완역하였다.

216쪽. 20,000원

64. 바른 불자가 됩시다

참된 발심을 하여 바른 신앙, 바른 수행을 하고자 해도, 그 기준을 알지 못해 방황하는 불자님들을 위해 불법의 바른 길잡이 역할을 하도록 대원 문재현 선사가 집필하여 출간하였다.

162쪽. 10,000원

65. 누구나 궁금한 33가지

21세기의 인류를 위해 모든 이들이 가장 어렵고 궁금해 하는 문제, 삶과 죽음, 종교와 진리에 대한 바른 지표를 제시하고자 대원 문재현 선사가 집필하여 출간하였다.

180쪽. 10,000원

66. 108진참회문 - 韓·英·中 3개국어판

전생의 모든 악연들이 사라져 장애가 없어지고, 소망하는 삶을 살게 하기 위해 대원 문재현 선사가 10계를 위주로 구성한 108 항목의 참회문이다. 한 대목마다 1배를 하여 108배를 실천할 것을 권한다.

170쪽. 15,000원

67. 달마의 일할도 허락지 않는다

대원 문재현 선사의 짧고 명쾌한 법문집. 책을 잡는 순간 달마의 일할도 허락지 않는 선기와 맞닥뜨리게 될 것이다. 때로는 하늘을 찌를 듯한 기세와, 때로는 흔적 없는 공기와도 같은 향기를 일별하기를…

190쪽. 10,000원

68. 마음대로 앉아 죽고 서서 죽고

생사를 자재한 분들의 앉아서 열반하고 서서 열반한 내력은 물론 그분들의 생애와 법까지 일목요연하게 수록해놓았다.

446쪽. 15,000원

69. 화두 - 韓 · 英 · 中 3개국어판

『화두』는 대원 문재현 선사의 평생 선문답의 결정판이다. 생생하게 살아있는 선(禪)을 한 · 영 · 중 3개국어로 만날 수 있다. 특히 대원 문재현 선사의 짧은 일대기가 실려 있어 그 선풍을 음미하는 데에 큰 도움을 주고 있다.

440쪽. 15,000원

70. 바로보인 간당론

법문하는 이가 법리를 모르고 주장자를 치는 것을 눈먼 주장자라 한다. 법좌에 올라 주장자 쓰는 이들을 위해서 대원 문재현 선사가 간당론에서 선리(禪理)만을 취하여 『바로보인 간당론』을 출간하였다.

218쪽. 20,000원

71. 완전한 우리말 불공예식법

부처님께 공양을 올리고 불보살님의 가피를 구하는 예법 등을 총칭하여 불공예식법이라 한다. 대원 문재현 선사가 이러한 불공예식의 본 뜻을 살려서 완전한 우리말본 불공예식법을 출간하였다.

456쪽. 38,000원

72. 바로보인 유마경

유마경은 가히 불법의 최정점을 찍는 경전
이라 할 것이니, 불보살님이 교화하는 경지
에서의 깨달음의 실경과 신통자재한 방편행
을 보여주는 최상승 경전이다. 대원 문재현
선사가 < 대원선사 토끼뿔 >로 이 유마경에
걸맞는 최상승법을 이 시대에 다시금 드날
렸다.

568쪽. 20,000원

73. 실증설 5개국어판 - 韓·英·佛·西·中 5개국어판

대원 문재현 선사가 불법의 참뜻을 보이기
위해 홀연히 펜을 들어 일시에 써내려간 실
증설! 실증한 이가 아니고는 설파할 수 없는
도리로 가득한 이 책이 드디어 영어, 불어,
스페인어, 중국어를 더하여 5개국어로 편찬
되었다.

860쪽. 25,000원

법문 MP3를 주문판매합니다

부처님의 78대손이신 대원(大圓) 문재현(文載賢) 전법선사님의 법문 MP3가 나왔습니다. 책으로만 보아서는 고준하여 알기 어려웠던 선문(禪文)의 이치들이 자세히 설하여져 있어서, 모든 궁금증을 시원하게 풀어줄 것입니다.

- 천부경 : 15,000원
- 신심명 : 30,000원
- 현종기 : 65,000원
- 기우목동가 : 75,000원
- 반야심경 : 1회당 5,000원 (총 32회)
- 선가귀감 : 1회당 5,000원 (총 80회)

- 금강경 : 40,000원
- 법성게 : 10,000원
- 법융선사 심명 : 100,000원

대원 선사님 작사 노래 CD 주문판매합니다

• 가격 : 2만원

• 가격 : 1만5천원

문의 전화 ☎ 031-534-3373

유튜브에서 채널 구독하시고
무료로 찬불가 앨범을 감상하세요

유튜브에서 MOONZEN을 검색하시거나
아래의 주소로 접속해주세요

http://www.youtube.com/user/officialMOONZEN